GRÜNE KÜCHE FÜR KIDS

JENNY CHANDLER

DAS NACHHALTIGE KINDER-KOCHBUCH

Widmung
Für Mimms und Mr B

CHRISTIAN

INHALT

VORWORT FÜR DIE KINDER

Kochen ist mit das Beste, das du je lernen wirst. Egal was du im Leben einmal machst, ob du auf den Mount Everest steigst oder Posaune spielst, ob du Bienen züchtest oder dich mit Politik beschäftigst, essen musst du immer. Wenn du dein Essen selbst machst, bist du der Chef; du kannst deine Lieblingsgerichte genau so zubereiten, wie du sie gern magst, und du kannst die besten Zutaten aussuchen, damit nicht nur du fit und gesund bleibst, sondern auch unsere Erde.

In *Grüne Küche für Kids* geht es darum, superleckeres Essen zu machen, das ganz nebenbei viel Obst und Gemüse enthält. So was wie Quesadillas und Currys, Krapfen und Müsliriegel, und weit und breit kein labbriger Kohl in Sicht. Das Ding ist, dass die meisten von uns nicht genug Gemüse essen, und dabei ist das richtig gut für uns. Hier bekommst du so viele Rezepte zur Auswahl, dass bestimmt etwas Tolles für dich dabei ist, das dich vor Energie und guter Laune übersprudeln lässt.

Du brauchst für dieses Buch weder vollständig vegetarisch noch vegan leben (obwohl das eine gute Sache wäre). Wenn du Fleisch und Fisch isst, wäre es schön, wenn du die Mengen auf deinem Teller verändern würdest, also nur ein Würstchen isst statt drei, und dazu dein geniales Gemüsegericht. Du könntest auch ab und zu einen Veggie-Abend einschieben.

Immerhin erkennen wir inzwischen, dass wir uns dringend um unsere Erde kümmern müssen. Bestimmt hast du im Fernsehen schon Sendungen gesehen, in denen erklärt wird, welche Folgen das Verhalten von uns Menschen für die Natur hat. Vielleicht hat dich auch die Umweltaktivistin Greta Thunberg motiviert – mit ihrem Schulstreik und damit, wie sie unseren Politikern Druck gemacht hat, etwas gegen den Klimawandel zu unternehmen? Manchmal haben wir das Gefühl, wir sind zu klein, um etwas zu bewirken, aber sieh dir an, was Greta erreicht hat!

Es gibt so viele Möglichkeiten, umweltfreundlicher zu sein: Wir können unsere Familien drängen, eine Solaranlage aufs Dach zu setzen, mit dem Fahrrad zur Schule fahren oder in der Nähe Urlaub machen statt zu fliegen. Und am meisten können wir vielleicht dadurch verändern, wie wir einkaufen, kochen und essen. In diesem Buch findest du haufenweise Tipps und Infos dazu, wie du deinen »Fußabdruck« möglichst klein halten kannst: Plastik vermeiden, weniger Essen wegwerfen und »grüner« essen. Keine Angst – nachhaltig sein heißt nicht nur, auf Sachen zu verzichten. Um dir unbekannte Zutaten zu suchen und Essen komplett selbst zu kochen, darfst und sollst du neugierig und kreativ sein und Lust auf was Neues haben.

Und das Beste: Jeder kleine Schritt, jeder Freund, jede Freundin mit dem oder der wir diese Ideen teilen, hilft – und wenn man dabei noch Buchweizenpfannkuchen, Gyoza-Teigtaschen und Himbeereis am Stiel essen kann, können diese Ideen doch nicht so schlecht sein.

BEVOR DU ANFÄNGST

- **Vergiss nicht, bevor du anfängst zu kochen, die Seiten zum Thema Sicherheit zu lesen (Seiten 8–13). Du kannst dich in der Küche böse verletzen, wenn du nicht daran denkst, wo die Gefahren lauern.**

- **Sage immer einem Erwachsenen Bescheid, wann und was du kochen willst, lies vorher das Rezept durch und überlege, wobei du vielleicht Hilfe brauchst.**

- **Denk dran, dass auch Aufräumen dazugehört – damit du noch öfters in eurer Küche kochen darfst!**

- **Alle Zahlen auf den Fotos entsprechen den Nummern der einzelnen Schritte im Rezept.**

UND EIN PAAR WORTE AN DIE ERWACHSENEN

Grüne Küche für Kids möchte Kinder von etwa 7–14 Jahren ansprechen und ihnen zeigen, wie sie so kochen und essen können, dass es ebenso gut für sie wie für unseren Planeten ist. Natürlich können Sie auch einzelne Elemente der Rezepte mit kleineren Kindern vorbereiten, und wahrscheinlich finden Sie auch für sich selbst die eine oder andere Anregung.

Kochen ist eine lebenswichtige Fähigkeit, die in einer Welt, in der akademische Leistungen und sportliche Erfolge so viel höher geschätzt werden, zu oft vernachlässigt wird. Das ist völlig verrückt, da wir doch genau wissen, dass geistige Leistungsfähigkeit und körperliche Gesundheit in direktem Zusammenhang mit unserer Ernährung stehen. Kinder, die kochen und verstehen, woher ihr Essen kommt, haben nicht nur einen Vorsprung, wenn sie später auf eigenen Füßen stehen, sie werden sich wahrscheinlich auch schon als Jugendliche gesünder ernähren und damit besser gedeihen.

Das Buch richtet sich nicht an Vegetarier und Vegetarierinnen oder Veganer und Veganerinnen (auch wenn wirklich keines der Rezepte Fleisch oder Fisch enthält); vielmehr geht es darum, mehr Pflanzliches auf den Teller zu bringen, da in der westlichen Ernährung Obst und Gemüse oft viel zu kurz kommen. Alle glauben, dass es bestenfalls eine Herausforderung ist, Kinder zum Gemüseessen zu bewegen, und doch steckt dieses Kinderkochbuch voller vegetarischer Rezepte. Sie werden staunen: Wenn Kinder Gerichte wie die vietnamesischen Sommerrollen oder die Butternut-Bohnen-Burger probieren, in denen das Gemüse im Mittelpunkt steht und nicht nur Beilage zum beliebten Würstchen ist (das weit und breit nicht zu sehen ist), wird das Gemüse auch viel eher gegessen.

Neben über 60 wirklich familientauglichen Rezepten mit vielfältigen Variationen gibt es Nähprojekte, Einkaufstipps und sogar Anleitungen, um selbst Sprossen zu ziehen. Je nach Alter, Erfahrung und Rezept benötigen Kinder mehr oder weniger Hilfe und Beaufsichtigung. **Daher gibt es zu den Rezepten oder Projekten keine Schwierigkeitsgrade oder Zeitangaben – nur Sie können einschätzen, wie viel Unterstützung Ihr Nachwuchskoch oder Ihre Kreativkünstlerin brauchen.**

Heute sind den Kindern unsere globalen Herausforderungen wie Klimawandel, Umweltverschmutzung, Abholzung von Wäldern und Artensterben bewusster. Umweltschützende wie Sir David Attenborough und Greta Thunberg sind allgemein bekannt, doch die schiere Masse an Problemen kann erdrückend sein. Den Kopf in den Sand zu stecken ist jedoch keine Lösung: Kinder müssen gestärkt und ermutigt werden, schließlich geht es um ihre Zukunft. Einblicke in das Ökosystem eines gesunden Bodenlebens oder die Erklärung, wieso Mikroplastik in unserer Nahrungskette auftaucht, sollen wissbegierige Kinder anregen, Fragen zu stellen. Wir brauchen Nachwuchs, der sich einbringt – keine Hasenfüße, sondern mutige Klimaschutz-Kämpfer und -Kämpferinnen. In *Grüne Küche für Kids* finden sie Öko-Tipps, die etwas bewirken, gesunde, nachhaltige Rezepte und dazu jede Menge kreative Projekte, die Spaß machen.

SICHERHEIT IN DER KÜCHE

- **Lesen Sie mit Ihrem Kind das Rezept durch und überlegen Sie, wo es Unterstützung braucht.**
- **Messer, Hitze und Strom sind potenzielle Gefahren, doch wenn Sie mit Ihrem Kind die Seiten »Vor Beginn« (Seiten 8–13) durchlesen, können Sie für größtmögliche Sicherheit sorgen.**
- **Bleiben Sie immer in der Nähe, wenn Kinder kochen – man weiß nie, wann sie Hilfe brauchen.**

VOR BEGINN: SICHERHEIT GEHT VOR

Es gibt so viele Regeln, doch wenn du erst etwas Übung darin hast, auf Sicherheit beim Kochen zu achten, brauchst du sie nicht mehr jedes Mal durchzulesen.

Sage immer einem Erwachsenen Bescheid, wenn du kochen willst. Kochen kann riesig Spaß machen, aber in der Küche lauern auch Gefahren. Schaut euch zusammen das Rezept genau an, bevor du anfängst. Zusammen könnt ihr – je nachdem, wie alt du bist und wie viel Erfahrung du schon hast – bestimmen, wie viel Hilfe du brauchst, wenn du scharfe, heiße oder elektrische Gegenstände benutzt.

Wenn du in einem Rezept dieses Zeichen !!! siehst, heißt das: Achtung – einen Erwachsenen um Hilfe bitten!

SAUBERKEIT UND ORDNUNG

Wasche dir immer die Hände, bevor du anfängst. Sonst können Schmutz und Keime ins Essen geraten und Leute krank machen.

Binde lange Haare hinten zusammen – sie können sonst im Weg sein oder, schlimmer noch, im Essen landen oder im Mixer hängen bleiben.

Ziehe eine Schürze an, wenn du etwas rührst oder brätst. So bleiben deine Kleider sauber und du bist vor heißen Spritzern geschützt.

Räume die Arbeitsplatte ganz frei, damit dich nichts ablenkt.

Stelle dir zuerst alles bereit, was du brauchst, also alle Zutaten und alle Küchengeräte. Nichts ist nerviger, als wenn du mittendrin merkst, dass dir etwas Entscheidendes fehlt.

Wasche Küchengeräte, Schneidbretter und auch die Hände zwischen den einzelnen Arbeitsschritten ab, vor allem, nachdem du mit rohem Fleisch und Fisch hantiert hast.

Stelle ein tiefes Backblech für deinen Abfall neben deinen Arbeitsplatz. Kompost und Recyclingabfall kannst du darin direkt sortieren. So bleibt alles ordentlich und du kannst in Ruhe arbeiten. Wirf den Abfall später in die passenden Abfalleimer.

Nach dem Kochen wische alle Kleckse und Spritzer vom Boden, sonst kann die Küche glatt werden wie eine Eisbahn.

Vergiss nicht, zum Schluss alles sauber zu machen und aufzuräumen.

VORSICHT, HEISS!!!

Benutze immer richtige Ofenhandschuhe! Küchenhandtücher können irgendwo hängen bleiben oder ins Essen tauchen. Ziehe die Handschuhe immer an, wenn du etwas in den Backofen stellst oder herausholst.

Auch an Dampf kannst du dich verbrühen, also sei sehr vorsichtig, wenn du die Backofentür öffnest oder den Deckel von einem Topf nimmst. Ziehe dabei immer Ofenhandschuhe an.

Halte beim Rühren in einem Topf mit der anderen Hand den Griff fest, damit der Topf fest steht und nicht umkippt.

Löffel aus Metall können sehr heiß werden, daher benutze zum Umrühren heißer Speisen immer einen Holzlöffel.

Drehe Topfgriffe immer weg von der Herdkante, wo du oder jemand anderes daran hängen bleiben könnte.

Lasse dir helfen, wenn du schwere, heiße Töpfe und Auflaufformen hochheben musst.

Halte einen Platz frei, an dem du heiße Auflauf- oder Kuchenformen abstellen kannst, nachdem du sie aus dem Ofen geholt hast. Die Unterlage muss hitzebeständig sein, damit du nicht die Arbeitsplatte beschädigst.

ACHTUNG, STROM!!!

Bitte einen Erwachsenen um Erlaubnis, bevor du elektrische Geräte benutzt; vielleicht brauchst du Hilfe.

Trockne dir immer gut die Hände ab, bevor du einen Stecker einsteckst oder ein Gerät anschaltest – mit nassen Händen könntest du einen schlimmen Stromschlag bekommen!

Bleibe mit den Fingern immer weit weg von den Klingen oder Rührstäben elektrischer Küchengeräte.

Schalte Elektrogeräte immer aus und ziehe den Stecker, bevor du sie zum Saubermachen auseinandernimmst.

UMGANG MIT MESSERN!!!

Lasse dir von einem Erwachsenen zeigen, wie man mit einem scharfen Messer umgeht. Übrigens ist ein scharfes Messer sicherer als ein stumpfes, das leichter abrutschen kann.

Verwende ein Messer, das für deine Hände nicht zu schwer oder zu groß ist. Ein Schälmesser (die Klinge ist etwa 10 cm lang) ist für den Anfang gut geeignet. Mit etwas Übung kannst du auch größere Messer benutzen.

Konzentration – keine Musik, kein Chat, kein Herumkaspern. Du darfst dich nicht ablenken lassen: Deine Finger stehen nicht auf der Zutatenliste!

Auch Sparschäler und Reiben sind scharf. Achte darauf, dass du auf einem flachen, stabilen Schneidbrett arbeitest, und pass auf deine Finger und Fingerknöchel auf.

PASS AUF DEINE FINGER AUF: GRUNDREGELN

Suche dir eine Arbeitsfläche in der richtigen Höhe – am besten knapp unter deiner Taillenhöhe. Das ist vielleicht eher der Küchentisch als die Arbeitsplatte.

Stelle dich nicht auf einen wackeligen Stuhl, du könntest mitsamt deinem Messer herunterfallen. Wenn deine Arbeitsfläche zu hoch ist, brauchst du einen breiten, stabilen Tritthocker.

Trage beim Kochen feste Schuhe (keine Sandalen oder Flipflops). Sie schützen deine Füße, falls du ein Messer oder heiße Speisen fallen lässt.

Schneide immer auf einem flachen, stabilen Schneidbrett. Falls dein Brett verrutscht, lege ein Stück feuchtes Küchenpapier darunter.

Trage möglichst keine Messer durch die Küche. Wenn es nicht anders geht, halte das Messer an deiner Seite und mit der Spitze nach unten.

Lege niemals ein Messer oder die Klingen von Pürierstäben, Blitzhackern oder Küchenmaschinen ins Spülwasser in der Spüle. Du könntest sie vergessen und dich später schneiden. Mache die Klingen sofort sauber und räume sie weg.

DER TUNNELGRIFF

Der Tunnelgriff wird bei runden Lebensmitteln verwendet (Bild oben). Er ist gut, um etwas zu halbieren, sodass du eine flache Seite erhältst. Diese kannst du dann auf das Brett legen, sodass das Gemüse beim Schneiden nicht gefährlich wackelt.

Lege eine Tomate mit der flacheren Seite nach unten hin. Bilde mit der Hand einen Tunnel: Der Daumen liegt auf einer Seite der Tomate, die Finger auf der anderen. Nun schneide mit der Klinge nach unten bis aufs Brett durch.

DER KRALLENGRIFF

Um etwas in Scheiben zu schneiden oder fein zu hacken, die Greifhand wie eine Kralle halten. Fingerkuppen und Daumen sind dabei immer nach innen gerollt, niemals flach ausgestreckt auf dem Brett, wo du versehentlich hineinschneiden könntest.

Übe die Technik mit einer Frühlingszwiebel: Schneide die Wurzel ab, ziehe das äußerste Blatt ab und schneide die Zwiebel in Ringe. Verschiebe deine Kralle beim Schneiden nach und nach auf der Zwiebel. Versuche, die Spitze des Messers auf dem Brett zu lassen.

Nun übe erneut mit anderem, größerem Gemüse, zum Beispiel mit einer Gurke.

ZWIEBELN SCHNEIDEN MIT DEM KRALLEN- UND DEM TUNNELGRIFF

Halbiere die Zwiebel und ziehe die Schale ab.

Krallengriff (Bild oben). Jetzt kannst du Scheiben schneiden.

Tunnelgriff (ohne Abbildung). Für Würfel mache zuerst senkrechte Schnitte in die Zwiebel, bis auf das Brett durch. Schneide nicht durch die Wurzel, da sie die Zwiebel zusammenhält.

Krallengriff (Bild unten). Dann schneide die Zwiebel quer in kleine Würfel.

FRÜHSTÜCK UND BRUNCH

OVERNIGHT OATS UND FRÜCHTEMÜSLI

Für dieses Rezept musst du etwas vorausplanen, weil die Haferflocken über Nacht in Saft eingeweicht werden. Du kannst die Menge von Haferflocken und Saft verdoppeln und das Müsli 3–4 Tage im Kühlschrank aufbewahren, dann hast du an einem anderen Tag ein schnelles Frühstück. Füge dann den geriebenen Apfel erst direkt vor dem Essen hinzu, sonst wird er braun.

Wechsele das Obst je nach Jahreszeit oder verwende, was ihr gerade in der Obstschale habt.

Orangenscheiben, Granatapfelkerne und 1 Prise Zimt sind ein tolles winterliches Topping.

FÜR 4 PORTIONEN

100 g Haferflocken

200 ml Apfelsaft ohne Zuckerzusatz

50–100 ml Milch oder Pflanzendrink

2–3 Äpfel (je nach Größe)

200 g Obst der Saison (z. B. Pfirsiche, Pflaumen oder Beeren), nach Bedarf halbiert, entsteint und klein geschnitten

50 g geröstete Haselnusskerne, grob gehackt

200 ml Joghurt (Milchprodukt oder Kokosjoghurt)

4 EL Ahornsirup oder Honig

1. Vermische die Haferflocken am Vorabend in einer Schüssel mit dem Apfelsaft und stelle die Mischung über Nacht in den Kühlschrank.

2. Gib am nächsten Morgen genug Milch oder Pflanzendrink zu den Haferflocken, sodass die Mischung nicht zu klebrig ist.

3. Reibe die Äpfel grob – mit Schale – bis auf das Kerngehäuse und rühre die Apfelraspel unter die Haferflocken.

4. Fülle die Haferflocken mit einem Löffel in Portionsschälchen oder – besonders schick – in Gläser.

5. Verteile die Hälfte des Obstes und der Nüsse auf die Schälchen und gib den Joghurt darauf.

6. Dekoriere alles mit dem Rest von Obst und Nüssen und träufele etwas Ahornsirup oder Honig darüber.

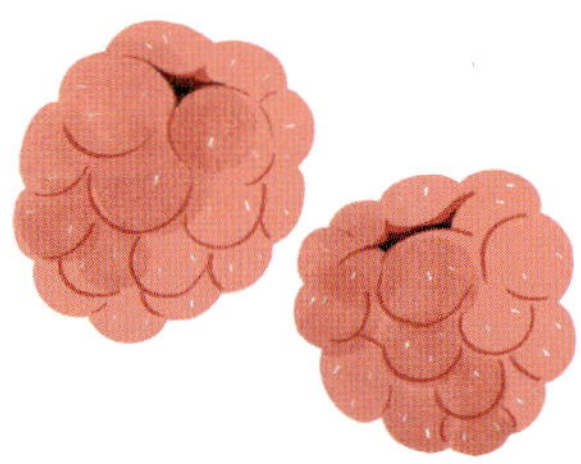

SELBST GEMACHTES KNUSPERMÜSLI

Wenn du dein Frühstücksmüsli selbst machst, kannst du mit verschiedenen Getreidesorten, Nüssen, Saaten und Trockenfrüchten experimentieren. Das bringt Abwechslung auf den Tisch und ist perfekt, um alle möglichen Reste aus dem Küchenschrank aufzubrauchen.

FÜR 10 PORTIONEN

75 ml Kokosöl oder kalt gepresstes Rapsöl

150 g flüssiger Honig oder Ahornsirup

Schale und Saft von 1 unbehandelten Orange

200 g Haferflocken (am besten kernige)

200 g Roggen-, Gersten-, Dinkel- oder Weizenflocken (eine Mischung ist auch super)

100 g Kürbiskerne oder Sonnenblumenkerne

100 g ganze Nusskerne, grob gehackt

1 große Prise Salz

½ TL gemahlener Zimt (gemahlener Kardamom schmeckt auch sehr lecker)

100 g Trockenfrüchte (z. B. grob gehackte Feigen, Datteln, Aprikosen oder Rosinen/ Sultaninen)

1. Heize den Backofen auf 150 °C Ober-/Unterhitze vor (Gas Stufe 2).
2. Gib das Kokosöl und den Honig oder den Ahornsirup in einen großen Kochtopf.
3. Stelle den Topf auf den Herd und erhitze ihn auf kleiner Stufe, bis das Kokosöl geschmolzen und der Honig bzw. der Sirup verlaufen ist. Nun füge die Orangenschale und den Saft hinzu. !!!
4. Vermische in einer großen Schüssel die Haferflocken, die anderen Getreideflocken, die Saaten, die Nüsse, das Salz und den Zimt.
5. Gieße die heiße, süße Sirupmischung in die Schüssel und rühre gründlich um, bis alles gut vermischt ist. !!!
6. Lege zwei große Backbleche mit Backpapier aus. Teile deine klebrige Mischung auf die Bleche auf. Lockere sie mit einem Löffel etwas auf und verteile sie, damit sie gleichmäßig geröstet wird.
7. Backe die Mischung 20–25 Minuten im Ofen, bis sie goldbraun ist. Hole die Bleche nach 10 Minuten heraus und rühre das Knuspermüsli um. Drehe die Bleche um und schiebe sie nun mit der Vorderseite nach hinten in den Ofen (so wird das Müsli gleichmäßiger geröstet).
8. Hole die Bleche aus dem Ofen und lasse sie vollständig abkühlen.
9. Rühre die Trockenfrüchte unter die Mischung. Fülle das Müsli in einen dicht schließenden Behälter um.

Stelle den Topf auf eine Wage und wiege den Honig bzw. den Sirup direkt darin ab – sonst musst du viele klebrige Sachen spülen.

Knuspermüsli kannst du nicht nur zum Frühstück mit Milch oder Joghurt essen, es ist auch super zum Knabbern. Nimm als kleines Extra ein Tütchen Knuspermüsli in deiner Frühstücksdose mit. Das ist billiger und enthält weniger Zucker als ein fertig gekaufter Energieriegel. Außerdem vermeidest du Verpackungsmüll. So sparst du doppelt!

Falte das Backpapier zusammen und bewahre es für das nächste Mal auf, wenn du Müsli machst.

2

3

5

6

9

OBST UND GEMÜSE, DAS ES NICHT MAL VOM FELD HERUNTER SCHAFFT

Viel Obst und Gemüse lässt man einfach auf dem Feld verrotten, weil es als zu groß, zu klein oder zu krumm angesehen wird, die Farbe nicht stimmt oder der Bauer einfach zu viel angebaut hat.

Wir alle sehen nicht genau gleich aus, und auch von unserem Gemüse sollten wir das nicht verlangen. Achte darauf, sogenanntes »krummes Gemüse« einzukaufen – das schmeckt genauso gut!

Unterstütze kleinere Bauernhöfe, Märkte und Hersteller, die nicht für den Fall einer höheren Nachfrage zu viel produzieren.

Vielleicht kannst du bei einem Gemüseretter-Abo mitmachen, wo das krumme Gemüse verkauft wird, das sonst auf dem Müll landet.

SAG NEIN ZUR LEBENS-MITTELVERSCHWENDUNG

Mehr als ein Drittel der weltweit hergestellten Lebensmittel wird weggeworfen. Und wenn du das schockierend findest – bei Obst und Gemüse ist es noch schlimmer: Wir essen nur etwa die Hälfte von dem, was angebaut wird.

Schauen wir uns einmal an, wo unser Essen auf dem Müll landet und was wir dagegen tun können.

VERSCHWENDUNG ZU HAUSE

Noch mehr Produkte werfen wir zu Hause weg – oftmals, bevor wir sie überhaupt zubereitet oder gekocht haben.

Kaufe, was du brauchst, und falle nicht auf die »2 für 1«-Angebote herein, die oft »eins für mich, eins für den Müll« bedeuten, weil du es einfach nicht schaffst, beide rechtzeitig zu essen.

Behalte den Überblick über alle Vorräte im Kühlschrank und in den Schränken. Weitere Tipps dazu auf Seite 106.

Versuche, das gute Gemüse, das du kaufst, möglichst »mit Strunk und Stiel« aufzuessen.

Schau dir diese Karotten an ...
Wie wäre es damit:
Karotten-Schalotten-Tarte (siehe Seite 120) mit den ganzen Karotten

Pesto (siehe Seite 108) aus den Karottenblättern

Gemüseschalen-Chips (siehe Seite 36) aus den Schalen.

ESSEN, DAS AUF DEM TELLER LIEGEN BLEIBT

Manchmal sind die Augen größer als der Magen. Manchmal mögen wir auch einfach nicht so gern, was es zu essen gibt.

Nimm dir eine kleine Portion, die du auf jeden Fall aufisst, und wenn du dann noch Hunger hast, nimm einen Nachschlag – Reste sind super für den nächsten Tag!

Probiere Gerichte (und iss möglichst den Teller leer), auch wenn du kein Riesenfan davon bist. Oft sagt dir nur dein Unterbewusstsein, dass du etwas nicht magst, weil du es nicht kennst. Manchmal lieben wir irgendwann Essen, das wir beim ersten, zweiten oder sogar dritten Bissen nicht besonders toll fanden. Denke auch an all die Arbeit und Energie, die benötigt wurden, bis es auf deinen Teller kam.

Wenn es gar nicht anders geht, gib Reste von deinem Teller auf den Kompost oder in die Biotonne. Kompostierbare Lebensmittel zersetzen sich und können dann zur Bodenverbesserung auf unseren Feldern und im Garten dienen – und gesunder Boden ist der Schlüssel allen Lebens.

Lebensmittel wegzuwerfen ist einfach Wahnsinn, wenn du überlegst, wie viel Arbeit, Wasser, Land und Energie die Herstellung gekostet hat. Wenn du dann noch bedenkst, dass Millionen von Menschen auf der Welt nicht genug zu essen haben, ist Lebensmittelverschwendung ein absolutes No-Go.

SUPERCOOLE SMOOTHIE-BOWL

Dies ist im Grunde ein Smoothie, der durch Getreide oder Saaten, zum Beispiel Haferflocken, Chiasamen oder Leinsamen, etwas dicker wird. Der Geschmack verändert sich dadurch nicht wesentlich, doch der Smoothie sättigt besser und steckt voller Energie, die langsam an den Körper abgegeben wird, damit du bis zum Mittagessen gut durchhältst.

FÜR 4 PORTIONEN

2 Äpfel oder Birnen (alternativ 1 von jedem)

3 entsteinte Datteln oder getrocknete Aprikosen

3 EL Naturjoghurt (aus Kuh-, Schaf- oder Ziegenmilch oder auch Nuss- oder Sojajoghurt – wie du möchtest)

300 g frische oder tiefgekühlte gemischte Beeren, (es lohnt sich, dafür jede Menge wilde Brombeeren zu sammeln und einzufrieren)

2 EL Haferflocken, Chia- oder Leinsamen

ZUM BESTREUEN

ein beliebiger Mix aus gerösteten Nusskernen, Saaten und frischem Obst

in unserem Beispiel:

100 g Heidelbeeren

1 Kiwi, geschält und in Scheiben geschnitten

1 Handvoll Knuspermüsli (siehe Seite 18)

2 EL geröstete Kokoschips

essbare Blüten (siehe Seiten 138–139)

1 Viertele die Äpfel oder Birnen und entferne das Kerngehäuse. Die Schale bleibt dran.

2 Schneide die Datteln oder die Aprikosen grob klein.

3 Gib den Joghurt zusammen mit dem vorbereiteten Obst, den Beeren und den Haferflocken oder den Samen in einen Standmixer. Setze den Deckel auf und püriere alles. Die Mischung wird weicher, wenn die pürierten Früchte ihren Saft abgeben.

4 Überprüfe die Konsistenz – die Mischung sollte gerade eben gut zu löffeln sein, wie ein Trinkjoghurt. Sie wird noch dicker, wenn die Haferflocken bzw. die Samen Flüssigkeit aufsaugen und aufquellen. Wenn der Smoothie zu dick ist, gib ein paar EL Wasser dazu.

5 Fülle den Smoothie in einzelne Schalen und garniere alles mit deinen Zutaten zum Bestreuen.

Probiere einmal, statt Haferflocken oder Saaten 3 EL gekochte Kichererbsen oder Bohnen (z. B. Cannellini-, Adzuki- oder Limabohnen) zu verwenden. Ja, das klingt verrückt, aber die Hülsenfrüchte machen deinen Smoothie samtig glatt, und ich wette, niemand errät die geheimnisvolle Zutat.

Streifen, Kringel, buntes Durcheinander? Lasse deine Fantasie spielen!

1

5

1

4

5

OMELETT

Wenn du weißt, wie man ein Omelett macht, kannst du dir immer in ein paar Minuten eine nahrhafte Mahlzeit zubereiten. Aufpeppen kannst du es mit Kräutern, Gemüse, Käse oder worauf du sonst Lust hast.

Du brauchst dazu eine kleine Pfanne (Durchmesser etwa 20 cm).

FÜR 1 PORTION

2 Eier (Größe M)

1 Prise Salz

etwas frisch gemahlener schwarzer Pfeffer

2 TL Butter

1 Schlage die Eier in eine kleine Schüssel auf und verquirle sie kurz mithilfe einer Gabel.

2 Gib das Salz und den Pfeffer dazu und verquirle das Ganze erneut.

3 Erhitze eine kleine Bratpfanne auf mittlerer Stufe und gib die Butter hinein, sodass sie schmilzt. Halte die Pfanne etwas schräg und schwenke sie, damit das Fett sich darin verteilt und dein Omelett nicht festklebt.

4 Wenn die Butter nicht mehr schäumt, gib die Eiermischung hinein. Dabei sollte es etwas zischen.

5 Warte etwa 15 Sekunden, bis die Eier beginnen zu stocken (d. h. »fest zu werden«), dann schiebe den festeren Rand mit einem flachen Pfannenwender zur Mitte und rüttele ein wenig an der Pfanne, damit das rohe Ei in die entstandenen Lücken läuft.

6 Jetzt ist der richtige Zeitpunkt, um deine Füllung über das Ei zu streuen.

7 Das Omelett ist fertig, wenn das Ei fast ganz fest ist und nur an der Oberfläche noch eine dünne flüssige Schicht hat (wenn du das nicht magst, kannst du das Omelett auch backen, bis es ganz fest ist). Falte in der Pfanne mithilfe des Pfannenwenders vorsichtig etwa ein Drittel des Omeletts um, dann halte die Pfanne schräg und lasse das Omelett auf einen Teller gleiten.

FÜLLUNGEN

KRÄUTEROMELETT

Hacke frische Kräuter wie Petersilie, Kerbel oder Schnittlauch ganz fein und rühre sie vor dem Backen unter die Eiermischung.

OMELETT MIT FRÜHLINGSZWIEBELN UND ERBSEN

Schneide eine Frühlingszwiebel klein und gib sie in die Pfanne, wenn die Butter schäumt. Schwitze sie etwa 1 Minute an, dann gib mit der Eiermischung 1 EL frische oder aufgetaute Erbsen dazu und backe das Omelett normal fertig.

OMELETT MIT FLEISCH ODER FISCH

Brate klein geschnittenen Schinken oder ein paar Stückchen Räucherforelle oder -lachs zusammen mit dem Ei. Das ist lecker, und du kommst mit einer kleinen Menge sehr weit.

KÄSEOMELETT

Rühre vor dem Backen 1 EL fein geriebenen Parmesan unter die Eiermischung oder gib beim Backen dünne Käsescheibchen auf das Omelett.

NÄHE DIR EINE SCHÜRZE

Eine Schürze ist beim Kochen so praktisch. Sie verhindert, dass dein Lieblings-Fußballtrikot Heidelbeerflecken bekommt und dass Keime, die du vielleicht an deinem Pulli von draußen mit reingebracht hast, im Teig landen. Diese Schürze wird aus einem Geschirrtuch genäht – nimm am besten eins aus dem Schrank, kein neues. Warum? Du sparst die Energie und das Wasser, das zur Herstellung neuen Stoffs benötigt würde, und vielleicht bewahrst du ein unbenutztes Geschirrtuch davor, sinnlos in der Schublade zu liegen.

Upcycling-Projekt – einem Teil, das du schon hast, ein neues Leben schenken, statt neu zu kaufen.

DU BRAUCHST

1 Geschirrhandtuch (es gibt unterschiedliche Größen; etwa 55 × 75 cm funktionieren gut)

2 m Twill- oder festes Baumwollband

1 Nähnadel und Nähgarn (oder eine Nähmaschine)

1 Lege das Tuch mit der rechten Seite nach unten hin und falte die oberen Ecken so, dass sie sich in der Mitte treffen.

2 Nähe diese beiden Ecken mit Nadel und Faden zusammen (pass auf, dass du dabei nicht durch die Vorderseite der Schürze nähst, sonst sieht man die Stiche).

3 Schneide für den Träger am Hals etwa 50 cm von dem Band ab. Stecke die Enden zwischen dem gefalteten Stoff oben an der Schürze fest. Jetzt hast du die Wahl: Du kannst an diesem einfachen Projekt lernen, mit der Nähmaschine zu nähen, oder du nähst den Träger einfach mit der Hand an. Am besten nähst du die Träger am Hals und an der Taille mit doppeltem Faden an, damit sie gut halten. Pass auf, dass der Träger dabei nicht verdreht liegt.

4 Für die Bindebänder an der Taille schneide den Rest des Bands in zwei Hälften. Falte die offene Kante um (damit sie nicht ausfranst) und nähe an einer Seite der Schürze ungefähr in Höhe deiner Taille ein Band an. Damit das Band gut hält, nähe einen Kasten und ein Kreuz wie im Extratipp auf der rechten Seite gezeigt. Nähe das andere Band genauso an die andere Seite.

5 Damit die losen Enden der Bänder nicht ausfransen, kannst du sie mit einer Zickzackschere abschneiden oder einfach umfalten und von Hand festnähen.

Hey, super! Du hast gerade dein erstes Upcycling-Kleidungsstück genäht!

Die Textilindustrie boomt, weil die Leute mehr Kleidung kaufen denn je. Manche Teile werden nur ein paarmal getragen, bevor sie weggeworfen werden. Das nennt man »Fast Fashion« (»schnelle Mode«), und damit müssen wir unbedingt aufhören. Die Textilindustrie bläst mehr schädliche Gase in die Atmosphäre als alle Flugzeuge, die um die Welt fliegen, zusammen! Daher müssen wir alle weniger kaufen und mehr Klamotten upcyceln, also aus alten Sachen andere oder sogar bessere machen.

EXTRATIPP

Nähe beim Annähen von Bindebändern oder auch Henkeln nicht nur eine Reihe Stiche, sondern einen Kasten mit einem Kreuz darin, damit das Ganze besser hält.

BUCHWEIZEN-CRÊPES

Diese Crêpes heißen auf Französisch *Galettes de Sarrasin* und stammen aus der Bretagne in Nordwestfrankreich. Wenn du etwas Übung im Backen der Crêpes hast, versuche, sie zu den traditionellen Päckchen mit einem Ei in der Mitte zu falten – perfekt für einen Brunch.

FÜR 6 GROSSE ODER 8–10 KLEINE PFANNKUCHEN

100 g Buchweizenmehl

3 EL Weizenmehl Type 405

1 Ei (Größe L)

200 ml Milch (Milchprodukt oder Pflanzendrink)

1 große Prise Salz

2–3 EL Butter, Rapsöl oder anderes Pflanzenöl zum Backen

PROFITIPP

Heize den Backofen auf 180 °C Ober-/Unterhitze (Gas Stufe 4) vor. Nach dem Wenden der Crêpe streue am äußeren Rand einen Ring aus geriebenem Käse darauf und gib in die Mitte ein aufgeschlagenes Ei. Falte die Seiten der Crêpe vorsichtig mit dem Pfannenwender zur Mitte und warte 2 Minuten, bis das Ei etwas stockt. Hebe das Päckchen mit dem Wender heraus und lege es auf ein Backblech. Backe es 5 Minuten im heißen Ofen, damit das Ei ganz fest wird.

1 Gib beide Mehlsorten in eine große Rührschüssel. Schlage das Ei auf und füge es hinzu, dann etwa die Hälfte der Milch. Verrühre das Ganze mit einer Gabel zu einer dicken, glatten Paste. Gib jetzt noch nicht die ganze Flüssigkeit dazu, sonst bekommt dein Teig Klumpen.

2 Nun gieße langsam den Rest Milch und 200 ml Wasser in die Schüssel und rühre zwischendurch immer wieder mit der Gabel um.

3 Lasse den Teig mindestens 1 Stunde ruhen.

4 Erhitze eine Bratpfanne oder !!! Crêpepfanne und gib ein kleines Stückchen Butter oder 1 TL Öl hinein.

5 Wenn die Butter schäumt und sich in der ganzen Pfanne verteilt hat oder wenn das Öl heiß ist, gib eine halbe Kelle Teig hinein (wie viel, hängt von der Größe der Kelle und der Pfanne ab!). Schwenke die Pfanne leicht, damit der Teig in einer dünnen Schicht den ganzen Pfannenboden bedeckt. Backe den Pfannkuchen bei mittlerer Hitze, bis er sich vom Boden löst und hin und her rutscht, wenn du an der Pfanne rüttelst.

6 Zeit, den Pfannkuchen zu wenden! Vielleicht gibt es in deiner Familie jemanden, der dir das zeigen kann – oder du schiebst einfach einen Pfannenwender unter den Pfannkuchen und drehst ihn damit vorsichtig um. Backe die zweite Seite, bis sie schön hellbraun ist. Dann serviere den Pfannkuchen, womit du möchtest.

7 Gib ein neues Stückchen Butter oder 1 TL Öl in die Pfanne und backe eine zweite Crêpe. Fahre so fort, bis du den ganzen Teig verbraucht hast.

HERZHAFTE IDEEN

Geriebener Käse (Comté, Gruyère, Emmentaler oder Käsereste)
gebratene Pilze
Tomatensalat mit Hummus
gebratenes Gemüse mit Pesto

SÜSSE IDEEN

Ahornsirup oder flüssiger Honig
frisches Obst
geraspelte Schokolade und gehackte Nüsse
Obstkompott

1

5

6

Buchweizen ist in Wirklichkeit gar kein Weizen. Er gehört nicht zur Familie der Gräser/Getreide, sondern stammt von einer üppigen Pflanze mit grünen Blättern und vielen Blüten, die gut für Bienen und andere Bestäuber sind.

HAFER-SAATEN-BROT

Dieses Brot ist eine tolle Abwechslung zum normalen Weizenbrot: Es passt gut zu Suppen, und mit etwas Butter und Honig schmeckt es einfach genial. Du kannst dafür beliebige Saaten verbrauchen, die ihr im Schrank habt, oder du kannst auch Nüsse verwenden.

Wenn du nicht sicher bis, wie groß deine Form ist: Es sollte 1 l Wasser hineinpassen – probiere es einfach aus.

FÜR 1 BROT

2 EL natives Olivenöl extra + etwas zum Einfetten der Form

500 ml Naturjoghurt, Buttermilch oder Kefir

1 EL Melasse (Sirup)

350 g zarte Haferflocken

75 g gemischte Saaten (z. B. Sonnenblumenkerne, Kürbiskerne, Sesam, Mohnsaat, Leinsamen oder Leindottersamen)

½ TL Salz

2 TL Natron

1. Heize den Backofen auf 180 °C Ober-/Unterhitze vor (Gas Stufe 4).
2. Fette eine 900-g-Kastenform (etwa 20 cm lang) ein und lege sie mit Backpapier aus. Am besten fettest du die Enden der Form mit Öl ein und legst ein rechteckiges Stück Backpapier auf den Boden und an die langen Seiten.
3. Gib das Öl, den Joghurt, die Buttermilch oder den Kefir und die Melasse in eine große Schüssel und verrühre alles gleichmäßig.
4. Füge die Haferflocken und die meisten Saaten hinzu, dann streue das Salz und das Natron darüber. Rühre erneut um, bis du einen feuchten, klebrigen Teig hast.
5. Fülle den Teig in die vorbereitete Brotform. Streiche die Teigoberfläche leicht mit einem nassen Löffel glatt (an dem nassen Löffel bleibt der Teig nicht kleben) und streue die restlichen Saaten darauf.
6. Backe das Brot 50–60 Minuten im Ofen. Schau nach 45 Minuten nach – falls die Kruste zu dunkel wird, decke sie mit einem Stück Alufolie ab. !!!
7. Nach dem Backen stürze das Brot vorsichtig aus der Form auf ein Kuchengitter. Wenn die Unterseite noch etwas nass ist, lege das Brot umgedreht auf ein Backblech und schiebe es für weitere 5 Minuten in den Backofen. !!!
8. Lasse das Brot vor dem Anschneiden abkühlen.

2

3

4

5

FLANDRIA
MORE TASTE
Isle of Wight Tomatoes

SNACKS

KÄSESTANGEN

Ein super Party-Snack, den sowohl Kinder als auch Erwachsene lieben. Die Stangen eignen sich supergut zur Verwertung von Käseresten, und zwar von Hartkäse wie Cheddar, Gruyère, Manchego, Parmesan oder Pecorino. Der Käse muss wirklich würzig und gut »gereift« sein (das bedeutet, er ist so alt, dass er einen richtig kräftigen Geschmack entwickelt hat).

FÜR 24 PORTIONEN

150 g Weizenmehl Type 405

1 Prise Cayennepfeffer

1 Prise Salz

1 Prise Senfpulver oder ½ TL Dijonsenf

100 g kalte Butter

100 g gereifter Cheddar oder anderer Hartkäse (alternativ eine Käsemischung), gerieben

1 Eigelb

1 Siebe das Mehl, den Cayennepfeffer, das Salz und das Senfpulver in eine Rührschüssel (falls du Dijonsenf verwendest, diesen nicht mit durchsieben).

2 Schneide die kalte Butter in kleine Würfel und gib sie in die Schüssel.

3 Schneide die Butter mit einem Tafelmesser in noch kleinere Stückchen und mische sie dabei unter das Mehl. Nach ein paar Minuten kannst du die Butterklümpchen und das lose Mehl zwischen den Fingerspitzen zusammendrücken und die Butter so noch weiter zerkleinern, bis du schließlich eine Mischung bekommst, die aussieht wie Brotkrümel.

4 Gib den Käse, das Eigelb und 1 EL Wasser (plus den Dijonsenf, falls verwendet) dazu und benutze wieder das Tafelmesser, um alles zu zerteilen und gut zu vermischen. Drücke die Mischung mit den Händen zusammen, bis eine Kugel entsteht.

5 Nimm ein Stück Backpapier, das doppelt so groß ist wie dein Backblech, und lege die Teigkugel darauf. Falte das Papier darüber zusammen und drücke die Teigkugel platt. Lege sie für 20 Minuten in den Kühlschrank.

6 Heize den Backofen auf 180 °C Ober-/Unterhitze (Gas Stufe 4) vor.

7 Nimm den Teig aus dem Kühlschrank und rolle ihn auf einer sauberen Arbeitsfläche mit einem Rollholz zu einem etwa 5 mm dicken Viereck aus.

8 Nun schneide das Viereck in der Mitte durch und schneide jede Hälfte in 1 cm breite Streifen.

9 Schneide dein Stück Backpapier in der Mitte durch und lege jedes Stück auf ein Backblech. Lege die Käsestangen vorsichtig auf die Backbleche und lasse dabei zwischen den einzelnen Stangen etwas Platz.

10 Backe die Stangen etwa 15 Minuten im Ofen, bis sie schön goldbraun sind. !!!

11 Nimm die Bleche aus dem Ofen und lasse die Stangen darauf 10 Minuten abkühlen, damit sie fester werden. Dann lege sie zum vollständigen Abkühlen ganz vorsichtig auf ein Kuchengitter. Bewahre sie in einem dicht schließenden Behälter auf.

(Also, falls du sie nicht schon alle sofort aufgefuttert hast!)

2

3

4

7

8

9

GEMÜSESCHALEN-CHIPS

Gemüseschalen sind nicht nur wahnsinnig lecker, sie enthalten auch total viele Nährstoffe und Ballaststoffe – sie sind also rundum gut. Wenn du diese Chips erst probiert hast, wärst du verrückt, wenn du jemals noch mal deine Gemüseschalen fortwirfst.

FÜR 4 PORTIONEN

100 g Gemüseschalen (z. B. von Kartoffeln, Karotten, Pastinaken oder Knollensellerie)

2 EL natives Olivenöl extra

Salz

Kartoffelschalen müssen sofort verwendet werden, sonst werden sie etwas matschig. Andere Gemüseschalen kannst du ein paar Tage im Kühlschrank aufbewahren.

1 Heize den Backofen auf 180 °C Ober-/Unterhitze (Gas Stufe 4) vor.

2 Wasche dein Gemüse gründlich in warmem Wasser und trockne es ab. *Niemand möchte gern auf Sand oder Erde beißen!*

3 Schäle das Gemüse. Drücke es dabei mit einer Hand fest auf das Schneidbrett und ziehe mit der anderen Hand den Gemüseschäler von dir weg. Halte die einzelnen Gemüsesorten getrennt, da manche im Ofen länger brauchen, bis sie knusprig sind (bunte Karotten kannst du mischen).

4 Lege die Schalen auf ein sauberes, trockenes Geschirrtuch, damit ihre Feuchtigkeit aufgesaugt wird.

5 Fülle die Schalen in eine große Schüssel. Gib das Öl und 1 Prise Salz dazu (bei mehreren Sorten mit jeder Sorte einzeln) und vermische alles gut. Jetzt kannst du auch noch zusätzliche Gewürze hinzufügen.

6 Breite die Schalen auf zwei großen Backblechen aus, damit sie Platz haben, um knusprig zu werden.

7 Backe die Schalen 5–10 Minuten !!! im Ofen, bis sie braun sind (nach dem Herausholen werden sie noch knuspriger). Schaue alle 5 Minuten nach den Chips und wende sie ganz vorsichtig mit einer Zange, falls einige schneller braun werden.

8 Breite die Chips auf einem Kuchengitter zum Abkühlen aus.

9 Die Chips werden am besten in den nächsten 2 Stunden gegessen (wahrscheinlich eher in ein paar Minuten!).

WIE WÄR'S?

1 TL ganz fein gehackter frischer Rosmarin

ODER ½ TL geräuchertes Paprikapulver

ODER ½ TL getrockneter Thymian + ½ TL Sumach (ein säuerlich-frisches Gewürz)

ODER ½ TL Currypulver

ODER 1 EL Hefeflocken + 1 TL Knoblauchpulver

Wir alle möchten Müll vermeiden. Es wäre einfach unsinnig, einwandfreies Essen wegzuwerfen, das mit so viel Mühe und Energie angebaut wurde.

3

4

5

6

9

PLASTIK IST NICHT FANTASTISCH

Plastik erleichtert uns das Leben; wir können mit leeren Händen in einen Laden gehen, eine Plastikflasche mit Wasser, eine Plastikbox mit Sandwiches und eine Tüte Chips kaufen und alles in einer Plastiktüte nach Hause tragen, ohne darüber nachzudenken.

Das Problem ist, dass Plastik nicht einfach wieder verschwindet – es braucht Hunderte von Jahren, um in kleine Teile zu zerfallen, und in der Zwischenzeit kippen wir weiter Plastikmüll ins Meer – eine Lastwagenladung voll in jeder MINUTE!

TIPPS & LÖSUNGEN: SO VERMEIDEST DU PLASTIK

- Nimm unterwegs eine wiederverwendbare Flasche mit und schau nach Brunnen mit Trinkwasser oder frage in einem Café, ob du die Flasche auffüllen darfst.
- Nimm immer eine wiederverwendbare Einkaufstasche mit – du kannst dir sogar eine selbst machen (siehe Seite 122).
- Kaufe loses Obst und Gemüse in kleineren Läden und auf dem Markt. Lasse im Supermarkt in Plastik verpackte Ware grundsätzlich im Regal.
- Nimm leere Behälter mit und lasse sie in Unverpackt-Läden auffüllen, die du heute in vielen kleinen und großen Städten findest.
- Es gibt jede Menge lustige, haltbare wiederverwendbare Brotdosen und Lunchboxen, also nimm unterwegs dein Essen mit. Wenn dir nach Streetfood ist, kaufe dort, wo recycelbare Verpackungen verwendet werden.
- Koche dein Essen selbst – all die Fertigprodukte und Fast-Food-Gerichte kosten viel Geld, und aufgrund ihrer Plastikverpackungen bezahlt auch unsere Erde einen hohen Preis dafür.

Wasser in Plastikflaschen zu kaufen ist einfach Unsinn, wenn du in einem Land lebst, in dem sicheres Trinkwasser aus dem Wasserhahn kommt. Weltweit werden in jeder Minute etwa eine Million Plastikflaschen verkauft, und weniger als 25 Prozent davon werden jemals recycelt.

Nicht nur die Seevögel, Meeresschildkröten und Säugetiere wie Seehunde fressen unser Plastik – auch wir selbst! Plastik zersetzt sich irgendwann in winzige Teilchen, die wir kaum sehen können, und so findet es im Meer seinen Weg in die Nahrungskette. Winzige Lebewesen nehmen das Mikroplastik auf → sie dienen kleinen Fischen als Nahrung → diese werden von größeren Fischen gefressen → und so geht es weiter, bis das plastikverseuchte Fischfilet auf deinem Teller landet.

POPCORN

Es gibt einfach keinen besseren Snack für einen Filmabend zu Hause! Eine Schüssel Popcorn zu machen, dauert nur ein paar Minuten, und es ist so viel billiger als es fertig zu kaufen. Außerdem sparst du die Verpackung. Es sollte immer ein Erwachsener in der Nähe sein, da der Topf sehr heiß werden kann.

PROBIER MAL: SUPERLECKERES POPCORN MIT GESCHMACK

HERZHAFT

Gib etwas geriebenen Parmesan, Hefeflocken, geräuchertes Paprikapulver oder Currypulver dazu. (Pass bei dem Gewürzpopcorn auf, dass du nicht mit den Fingern das Sofa vollschmierst – sonst bekommst du lebenslanges Filmabend-Snack-Verbot!)

SÜSS

Fein abgeriebene Limetten-, Zitronen- oder Orangenschale oder ein Hauch Zimt mit einem klitzekleinen bisschen Zucker schmecken himmlisch.

FÜR 4 PORTIONEN

3 EL kalt gepresstes Rapsöl oder anderes Pflanzenöl

100 g Maiskörner

1 ½ EL Butter oder 1 EL natives Olivenöl extra

1 gute Prise Salz oder Zucker

1 Nimm einen Topf mit schwerem Boden und gut passendem Deckel. Gib das Öl und nur 3 Maiskörner hinein (das sind deine Testkörner).

2 Lege den Deckel auf, erhitze den Topf auf mittlerer Stufe und warte, bis du die Körner aufpoppen hörst. !!!

3 Dann nimm den Topf sofort von der Herdplatte, gib vorsichtig den übrigen Mais hinein und verteile ihn gleichmäßig. Lege wieder den Deckel auf und zähle 30 Sekunden: einundzwanzig, zweiundzwanzig ...

4 Wenn die Zeit um ist, stelle den zugedeckten Topf zurück auf die Herdplatte und lasse den Mais richtig aufpoppen; rüttele dabei zwischendurch ein paarmal am Topf. Wenn das Aufpoppen nachlässt und du zwischen den einzelnen Plopps 5 Sekunden zählen kannst, schalte den Herd aus, nimm vorsichtig den Topfdeckel ab und schütte das Popcorn in eine große Schüssel.

5 Gib die Butter oder das Öl in den heißen Topf (er ist sehr heiß, also Vorsicht!). Warte, bis die Butter schmilzt oder das Öl gut warm ist – dazu brauchst du den Topf nicht mehr auf den Herd zu stellen, und gieße die Butter oder das Öl über das Popcorn. !!!

6 Rühre das Popcorn gut um und bestreue es nach Geschmack mit etwas Salz oder Zucker. Rühre nochmals um.

Kaufe möglichst keine Tüten mit Mikrowellen-Popcorn – das steckt meist voller schädlicher Chemikalien und künstlicher Aromen. Naturbelassen ist besser.

1

4

TOMATENSALAT

Nutze die Tomatenzeit im Sommer richtig aus – dann schmecken die Tomaten am besten, und es gibt am meisten. Diesen easy Tomatensalat kannst du einfach so servieren oder als Basis für eine der Varianten auf der Seite gegenüber verwenden.

FÜR 4 PORTIONEN

6 mittelgroße Tomaten oder 12–15 Kirschtomaten, grob klein geschnitten

3 Frühlingszwiebeln, in dünne Ringe geschnitten

3 EL natives Olivenöl extra

½ TL Salz

1 Gib alle Zutaten zusammen in eine Schüssel und vermische sie vorsichtig.

WIRD ZU ...

MEXIKANISCHER SALSA MIT ...

Schale und Saft von ½ unbehandelten Limette

fein gehackten Blättern von 2 Stängeln frischem Koriander

2 milden Chilischoten, klein geschnittenen

1 Rühre die zusätzlichen Zutaten einfach unter den Tomatensalat.

BELAG FÜR ITALIENISCHE BRUSCHETTA MIT ...

1 Knoblauchzehe, geschält und durch eine Presse gedrückt

2 EL Balsamessig

getoasteten Baguette- oder Brotscheiben zum Servieren

2 Stängeln frischem Basilikum zum Garnieren

1 Vermische den Knoblauch und den Balsamessig in einer kleinen Schüssel und rühre alles unter den Tomatensalat. Gib den Tomatensalat auf die Brotscheiben und bestreue das Ganze mit den abgezupften Basilikumblättern.

Zu der Bruschetta-Mischung kannst du auch noch ein paar Scheibchen frischen Mozzarella geben.

FRANZÖSISCHEM BOHNENSALAT MIT ...

1 Dose (400 g) Cannellini-Bohnen oder andere weiße Bohnen

2 EL Weißweinessig

Blättern von 3 Stängeln Estragon

Salz und Pfeffer

1 Schütte die Bohnen aus der Dose in ein Sieb und brause sie ab. Gib sie zusammen mit dem Essig und dem Estragon in den Tomatensalat. Schmecke ab und würze mit etwas Salz und Pfeffer hinzu.

Diesen Salat kannst du auch auf Bruschetta-Brot oder Crostini servieren! (Siehe Seite 44.)

BRUSCHETTA

Im Grunde ist das schicker italienischer Toast – und ein super Rezept, um 2–3 Tage altes Brot aufzubrauchen, das schon etwas trocken ist. Dafür brauchst du »richtiges« Brot, kein Toastbrot – traditionell wird Bruschetta mit rustikalem Weißbrot oder Sauerteigbrot zubereitet, doch es spricht auch nichts dagegen, Vollkornbrot zu verwenden.

FÜR 4 PORTIONEN

4 dicke Scheiben Brot

1 Knoblauchzehe

2 EL natives Olivenöl extra

1 Prise Salz

1. Toaste das Brot. Dafür kannst du einen normalen Toaster oder den Backofengrill verwenden oder das Brot sogar auf den Holzkohlengrill legen.
2. Schneide die Knoblauchzehe längs durch und reibe die saftige Schnittfläche über eine Seite des gerösteten Brots, solange es noch warm ist.
3. Träufele etwas Olivenöl darüber und streue etwas Salz darauf.

ISS DAS BROT, WIE ES IST, ODER:

Mit dem italienischen Tomatenbelag und dem französischen Bohnensalat von Seite 43.

Mit der Guacamole von Seite 50.

WIRD ZU …

SPANISCHEM TOMATEN-BROT – PAN CON TOMATE

Gib noch Tomaten dazu, und schon bis du übers Mittelmeer von Italien nach Spanien gehüpft und hast einen katalanischen Klassiker auf dem Teller.

So verwandelst du überreife, etwas zu weiche Tomaten, die vielleicht weggeworfen würden, in einen echten Leckerbissen.

1 Schneide die Tomaten in der Mitte durch und zerdrücke und reibe ihre Schnittfläche auf einer Scheibe warmem, mit Knoblauch bestrichenem Bruschetta-Brot aus dem Rezept gegenüber. (Die übrigen Tomaten kannst du für die mexikanische Salsa auf Seite 43 klein hacken.)

BUNT IST GESUND

... UND GEMÜSE IST BUNT: GRÜN (KLAR!), ROT, ORANGE, GELB, LILA, BRAUN UND WEISS

Viel Gemüse zu essen ist das A und O, wenn du gesund und fit bleiben willst.

Gemüse steckt voller Nährstoffe – diese helfen uns, Krankheiten abzuwehren, machen außerdem unsere Knochen stark und sorgen dafür, dass unser Blutkreislauf und unsere Verdauung reibungslos funktionieren.

Gemüse enthält auch viele Ballaststoffe (schwer verdauliche Fasern), über die sich nicht nur dein Darm freut, sondern die dich auch länger satt und zufrieden halten. So hast du nicht so schnell Lust auf zuckrige Kekse und Snacks.

Gemüse macht dich schön satt, aber nicht dick.

Wenn dir jemand sagt, du sollst in allen Farben essen, geht es dabei nicht nur darum, Obst und Gemüse attraktiver aussehen zu lassen, damit das Essen mehr Spaß macht. Vielmehr ist es so, dass jede Farbe für bestimmte Vitamine, Mineralstoffe und sekundäre Pflanzenstoffe (z. B. Farb-, Duft- und Aromastoffe) steht, die gut für dich sind.

DIE 30-ZUTATEN-CHALLENGE:

Kannst du innerhalb einer Woche 30 verschiedene Sorten von Obst, Gemüse, Nüsse und Saaten essen?
Klingt unmöglich? Mit der 10-Gemüse-Minestrone-Suppe auf Seite 76 sammelst du jede Menge Punkte!

ES LEBE DIE ABWECHSLUNG

Wir alle wissen, dass das Leben erst durch Vielfalt gesund, reich und faszinierend wird. Das Gleiche gilt für unsere Teller. Je mehr verschiedene Sorten und auch Farben naturbelassener Lebensmittel wir essen, desto größer ist die Bandbreite an genialen Nährstoffen, die unser Körper aufnehmen kann. Iss also für die Farbe Grün nicht Tag für Tag nur Brokkoli – probiere doch einmal Weißkohl, grüne Paprika, Erbsen oder Grünkohl!

Rot ist gut für dein Herz und für starke Gelenke.

Orange und Gelb sind die Superhelden für gesunde Augen, einen schimmernden Teint und ein gutes Verdauungssystem.

Grün ist der Champion in Sachen Abwehr von Krankheiten und Entgiftung des Körpers.

Lila ist besonders gut fürs Gehirn und den Blutkreislauf.

Und vergiss nicht die weniger bunten braunen und weißen Sorten – sie stecken oft voller Ballaststoffe und anderen Helfern, die dein Immunsystem ankurbeln.

FLADENBROTE

Diese kleinen Fladen sind so schnell und einfach gemacht, und sie schmecken superlecker mit Dal, Hummus, Dips, einem Curry oder zu Suppen. Verwende statt Weizenvollkornmehl einmal Dinkel oder Roggen für Abwechslung in Geschmack und Konsistenz.

FÜR 4 GROSSE ODER 6 KLEINE BROTE

100 g Weizenmehl Type 405 + etwas mehr, wenn der Teig zu klebrig ist

100 g Weizenvollkornmehl

2 TL Backpulver

½ TL Salz

2 EL natives Olivenöl extra oder Pflanzenöl

Zur Bärlauchzeit im Frühling kannst du statt Knoblauch und Kräutern ganz fein geschnittene Bärlauchblätter verwenden.

1 Vermische die Mehlsorten, das Backpulver und das Salz in einer großen Schüssel, dann gieße 100 ml Wasser und das Öl dazu und verrühre alles langsam mit einem Holzlöffel.

2 Wenn der Teig anfängt zusammenzukleben, drücke ihn mit einer Hand zusammen und rolle ihn in der Schüssel herum, bis eine Kugel entsteht. Falls der Teig trocken und bröselig ist, kannst du noch 1 EL Wasser dazugeben; ist er superklebrig, gib noch 1 EL Mehl hinein.

3 Nimm den Teig aus der Schüssel und knete ihn auf der Arbeitsplatte: Drücke, ziehe und rolle ihn 2–3 Minuten herum, bis er sich weich und fluffig anfühlt. Nun kannst du ihn direkt verwenden oder zurück in die Schüssel legen und 30 Minuten ruhen lassen.

4 Kurz vor dem Backen teile den Teig in vier Kugeln (oder in sechs, wenn deine Pfanne sehr klein ist).

5 Rolle jede Kugel zu einem Kreis aus, der etwa so groß wie ein Frühstücksteller ist. Verschiebe den Teig dabei auf der Arbeitsplatte, damit er nicht festklebt, und streue bei Bedarf etwas Mehl darauf.

6 Erhitze eine große Bratpfanne !!! und backe darin jedes Fladenbrot ungefähr 2 Minuten pro Seite, bis es etwas aufgeht. Benutze zum Wenden eine Zange.

7 Wickele jedes Brot zum Warmhalten in ein sauberes Geschirrtuch, während du die übrigen Brote backst.

KRÄUTERÖL ODER KRÄUTERBUTTER

4 EL natives Olivenöl extra oder 3 ½ EL geschmolzene Butter

1 Knoblauchzehe, geschält und durch eine Presse gedrückt oder fein gerieben

1 EL gehackte frische Kräuter: Blätter von Koriander, Minze, Petersilie, Thymian oder Rosmarin

1 Prise Salz

1

2

4

5

6

GUACAMOLE MAL ANDERS

ERBSEN-ENERGIE ODER BOHNEN-POWER

Deine Wahl!

Klassische Guacamole ist ein leckerer mexikanischer Dip aus Avocados. Das Problem: Sie schmeckt so köstlich, dass die ganze Welt verrückt danach ist. Das ist alles gut und schön, wenn du in einer warmen Gegend lebst, in der Avocados praktisch vor deiner Haustür wachsen, doch die meisten Avocados reisen Tausende von Kilometern, um auf unseren Tellern zu landen. NICHT sehr umweltfreundlich.

ABER: Wusstest du, dass man auch aus frischen (oder tiefgekühlten) Erbsen oder Bohnen eine geniale Guacamole machen kann, die noch dazu ein regionaler und nachhaltiger Snack ist?

FÜR 4–6 PORTIONEN

300 g gepalte (enthülste) frische oder tiefgekühlte junge Erbsen oder Dicke Bohnen

1 Knoblauchzehe, geschält und grob gehackt

4 EL natives Olivenöl extra

Saft von 1 Limette

2 Frühlingszwiebeln, in feine Ringe geschnitten

1–2 Chilischoten, sehr fein gewürfelt (teste die Schärfe!)

4 Stängel frischer Koriander

Salz und schwarzer Pfeffer

1 Fülle die Erbsen oder Bohnen in einen Topf und gieße so viel kochendes Wasser darauf, dass sie bedeckt sind. Erhitze den Topf auf mittlerer Stufe und lasse die Erbsen 2–3 Minuten, Bohnen 10 Minuten leise köcheln. !!!

2 Gieße die Hülsenfrüchte in ein Sieb ab und spüle sie zum Abkühlen unter fließend kaltem Wasser ab. !!!

3 Fülle die Hülsenfrüchte zusammen mit dem Knoblauch, dem Olivenöl, 2 EL Wasser, etwas Limettensaft und den meisten Frühlingszwiebeln in einen Mixer oder eine Küchenmaschine und mixe alles zu einem glatten Püree.

4 Fülle das Püree in eine Schüssel und rühre die übrigen Frühlingszwiebeln und die Hälfte der Chilis darunter. Hacke die Korianderstängel ganz fein und gib sie zusammen mit den meisten Blättern zum Püree. Würze mit Salz und Pfeffer und rühre deine Guacamole gut um.

5 Schmecke ab. Wenn du gern mehr Schärfe oder Pep hättest, würze mit mehr Chili, Limettensaft oder Salz und Pfeffer nach. Garniere die Guacamole mit den übrigen Korianderblättern.

KLASSISCHE GUACAMOLE

Für die Herstellung einer einzigen Avocado werden bis zu 320 l Wasser verbraucht – das ist so viel wie für etwa 30 Minuten duschen!

Wenn es trotzdem mal das Original sein soll: Ersetze die gekochten Erbsen oder Bohnen im Rezept durch das Fruchtfleisch von 2 reifen Avocados und vermische es mit den übrigen Zutaten.

1

3

4

5

SELBST GEMACHTE BIENENWACHSTÜCHER

Bienenwachstücher sind eine tolle Alternative zu Frischhaltefolie aus Plastik, an die wir in der Küche alle so gewöhnt sind. Die Folie kann Recyclingmaschinen verstopfen; daher landet sie meist auf der Müllkippe – oder schlimmer: im Meer.

Diese selbst gemachten Wachstücher sind super zum Einpacken von Käse, Frischhalten von Sandwiches oder zum Abdecken einer Schüssel mit Resten. Im Gegensatz zur Frischhaltefolie kannst du sie immer wieder verwenden, und wenn du sie irgendwann durch neue ersetzen willst, kannst du die alten auf den Komposthaufen werfen.

Upcycling-Idee: Verwende ein altes Sommerkleid, Herrenhemd oder eine alte Kissenhülle!

1 Schneide deinen Stoff sorgfältig in 25 cm große Quadrate. Mit der Zickzackschere entstehen hübsch gezackte Ränder, doch eine normale Schere tut es auch (durch das Wachs franst der Stoff nicht aus).

2 Lege den Stoff auf ein großes Stück Backpapier.

3 Lege den Wachsblock in das !!! Marmeladenglas und stelle das Glas in einen Topf mit heißem Wasser. Das Glas muss so schwer sein, dass es aufrecht steht, damit kein Wasser hineinläuft. Erhitze den Topf, bis das Wasser zu kochen beginnt. Sobald das Wachs geschmolzen ist, schalte den Herd aus.

4 Lasse das Glas im Topf stehen, damit es warm bleibt und das Wachs nicht wieder fest wird. Stelle den Topf auf eine feuerfeste Unterlage neben deinen Stoff. Pinsele den Stoff ganz vorsichtig mit Wachs ein. Die Schicht muss nicht ganz gleichmäßig sein, achte nur darauf, dass der größte Teil des Stoffs bedeckt ist.

5 Lege ein zweites Stück Backpapier auf das gewachste Tuch. Das Papier muss den Stoff ganz bedecken.

6 Bügele bei niedriger Temperatur !!! darüber, bis du siehst, dass das Wachs unter dem Papier geschmolzen ist. Schalte das Bügeleisen aus und nimm das obere Stück Papier ab. Dann nimm das Tuch rasch vom unteren Papier ab, bevor es daran festklebt.

7 Halte das Wachstuch kurz zum Abkühlen in die Luft – fertig!

Vorsicht! An HEISSEM WACHS kannst du dich verbrennen!

DU BRAUCHST:

Stoff aus 100 % Baumwolle (50 cm genügen für 4 oder 5 Tücher)

eine Schere (am besten eine Zickzackschere)

2 Bienenwachsblöcke (je 50 g) für Wachstücher (auch als »Repair-Wachsmischung« bezeichnet; erhältlich in Bioläden, Naturwarenläden oder online; jeder Block reicht für 2–3 Tücher)

1 leeres Marmeladenglas

1 kleinen Topf

1 feuerfeste Unterlage

1 Maler- oder Backpinsel mit Naturborsten (Nylon würde schmelzen)

1 Bügeleisen

Du kannst deine eigene Wachsmischung herstellen, aber dann hast du zum Schluss vielleicht einige teure Zutaten übrig. Wenn du es versuchen willst – so geht's: 120 g Bienenwachs, 2 EL Jojobaöl und 5 EL Fichtenharz zusammen schmelzen.

1

5

4

6

7

TIPPS

Wasche die Tücher in kaltem Wasser mit etwas Spülmittel, falls nötig. Heißes Wasser würde das Wachs abwaschen.

Wenn die Tücher durch den Gebrauch Knicke bekommen, bügele sie zum Auffrischen einfach zwischen zwei Lagen Backpapier.

VIETNAMESISCHE SOMMERROLLEN

Sommerrollen sind so knackig und erfrischend! Du kannst sie mit beliebigem Gemüse füllen, auf das du Lust hast oder das verbraucht werden muss.

FÜR 12 PORTIONEN

100 g getrocknete Reisbandnudeln

1 EL helle Sojasauce

½ TL Sesamöl

1 Prise Zucker

24 Minzblätter

24 Korianderblätter

Reispapier-Blätter (12 × 20 cm; manchmal Frühlingsrollen-Blätter genannt)

GEMÜSE – MINDESTENS 6 VERSCHIEDENE, Z. B.:

3 Frühlingszwiebeln

1 große Karotte, geschält

½ Salatgurke

1 rote oder gelbe Paprikaschote

12 kleine Kopfsalatblätter

1 Handvoll Bohnensprossen

eine Dipsauce deiner Wahl (siehe Seiten 58–59) zum Servieren

1 Fülle die Nudeln in eine Schüssel und bedecke sie mit kochendem Wasser. Lasse sie etwa 5 Minuten stehen, damit sie weich werden, dann gieße sie in ein Sieb ab, spüle sie kalt ab und lasse sie abtropfen.

2 Gib die Nudeln zurück in die Schüssel, träufele die Sojasauce und das Öl darüber und streue den Zucker darauf.

3 Schneide dein gewähltes Gemüse in dünne Stifte oder – wenn das einfacher ist – in Scheibchen und verteile es nach Sorten sortiert auf einer Platte, zusammen mit den Minz- und Korianderblättern.

4 Fülle ein tiefes Backblech zur Hälfte mit warmem Wasser. Tunke ein Reispapier ins Wasser, bis es weich wird (etwa 15 Sekunden), dann hebe es heraus und lege es vorsichtig auf ein sauberes Schneidbrett.

5 Los geht's: Kräuter + Gemüse + Nudeln + mehr Gemüse, und nun heißt es wickeln und rollen! Blättere mal um – auf Seite 57 siehst du, wie es gemacht wird. Und denk dran: Übung macht den Meister (wenn die Rollen kaputtgehen, kannst du üben, mit Stäbchen zu essen). Gib eine nicht zu große Menge Füllung auf das untere Drittel des Reispapiers und rolle es auf.

6 Serviere deine Sommerrollen mit einer der Dipsaucen.

MEHR IDEEN FÜR GEMÜSE-FÜLLUNGEN:

2 Handvoll geraspelter Weißkohl

1 Avocado

6 Radieschen

24 Zuckerschoten oder Knackerbsen (Sugar Snaps)

2

3

4

5

SO GEHT'S: WICKELN UND ROLLEN

Wenn du die Technik erst raushast, kannst du alle möglichen Füllungen einwickeln.

Also ...
Stell dir vor, dein Reispapier wäre ein rundes Gesicht.

Lege die Füllung dort auf, wo der Mund wäre. Nimm nicht zu viel.

Dann ... Kinn hoch! Falte den unteren Rand des Wraps nach oben um, genau über die Füllung.

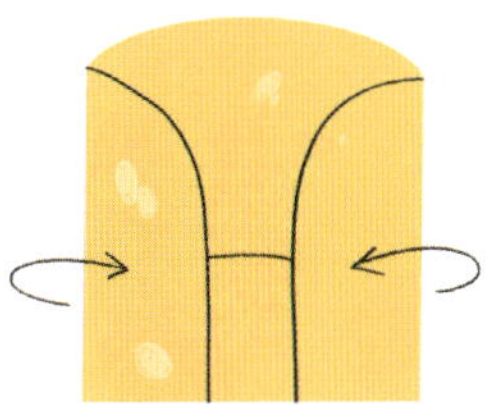

Klappe die Ohren nach innen.

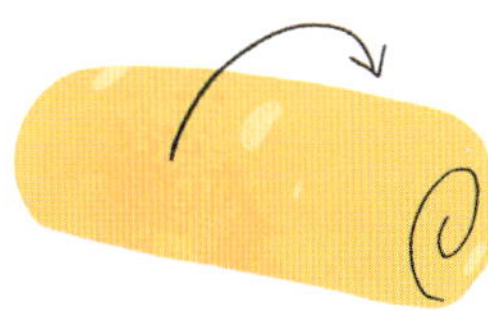

Und rolle alles auf.

Fertig ist der Wrap... Boom! Boom!

IDEENKISTE:

Vollkornwraps
+ geröstetes Gemüse
+ Hummus (siehe Seite 60)

Buchweizen-Crêpes (siehe Seite 28)
+ Bananenwürfel
+ Obstkompott (siehe Seite 142)

Tortilla-Wrap + Quesadilla-Füllung (siehe Seite 118)
+ mexikanische Salsa (siehe Seite 43)

Oder die vietnamesischen Sommerrollen von Seite 54.

ASIATISCHE DIPSAUCEN

Asiatische Saucen sind perfekt zu Sommerrollen, Teigtaschen, Salaten und einfachen Wok-Gerichten.

WÜRZIG-SCHARFE DIPSAUCE

FÜR 4–6 PORTIONEN

2 EL heller Muscovado-Zucker

1 Knoblauchzehe, geschält und durch eine Presse gedrückt

4 EL helle Sojasauce

Saft von 1 Limette

1–2 scharfe Chilischoten, in sehr feine Ringe oder Würfel geschnitten

Vorsicht – SCHARF! Gib die Chilis nach und nach dazu und schmecke zwischendurch ab.

1. Gib den Zucker in eine kleine Schüssel, füge 3 EL heißes Wasser hinzu und rühre, bis der Zucker sich auflöst.

2. Rühre die übrigen Zutaten darunter. Gib dabei die Chilis nur nach und nach hinzu. Die Sauce sollte süß, sauer, salzig und scharf schmecken.

PIKANTE INGWER-DIPSAUCE

FÜR 4–6 PORTIONEN

2 EL heller Muscovado-Zucker

4 EL helle Sojasauce

4 EL Reisweinessig (alternativ Limettensaft)

3 Frühlingszwiebeln, in Ringe geschnitten

1 Stück frischer Ingwer (ca. 3 cm lang)

1 EL Sesam

1. Gib den Zucker in eine kleine Schüssel, füge 3 EL heißes Wasser hinzu und rühre, bis der Zucker sich auflöst.
2. Rühre die Sojasauce, den Essig und die Frühlingszwiebeln darunter.
3. Nun reibe den frischen Ingwer mitsamt der Schale. Verwende dazu eine möglichst feine Reibe. Rühre das saftige Ingwermus in die Sauce.
4. Gib den Sesam in eine kleine Pfanne und röste ihn auf mittlerer Stufe an, bis die Körnchen beginnen umherzuhüpfen. Rüttele zwischendurch nach 1 Minute leicht an der Pfanne.
5. Schütte den gerösteten Sesam vorsichtig in die Sauce.

ERDNUSS-SAUCE

FÜR 4–6 PORTIONEN

1 TL Pflanzenöl

3 Frühlingszwiebeln, in feine Ringe geschnitten

3 EL feines oder crunchy Erdnussmus

3 EL helle Sojasauce

2 TL heller Muscovado-Zucker

Schale und Saft von 1 unbehandelten Limette

1 rote Chilischote, in feine Ringe geschnitten (wenn du magst)

1. Erhitze das Öl in einer kleinen Pfanne auf mittlerer Stufe, dann gib die Frühlingszwiebeln hinein und schwitze sie 2–3 Minuten an, bis sie weich sind.
2. Nimm die Pfanne von der Herdplatte und rühre alle anderen Zutaten und 2 EL Wasser unter, bis alles gut vermischt ist (vielleicht ist das Erdnussmus zuerst etwas klebrig, doch sie löst sich schnell auf).

HUMMUS

Hummus ist so lecker und mit einem Standmixer oder einer Küchenmaschine ganz einfach herzustellen. Der Zaubertrick dabei sind die Eiswürfel – damit machst du das cremigste, glatteste Hummus der Welt.

Schmeckt zu Karottensticks, Radieschen, Pitabrot, in einem Sandwich, auf deinem Toast …

FÜR 4 PORTIONEN

1 Dose (400 g) Kichererbsen oder 300 g getrocknete Kichererbsen selbst gekocht

Saft von 1 Zitrone

2 Knoblauchzehen, geschält und durch eine Presse gedrückt

4 EL natives Olivenöl extra

2 EL Tahin (Sesammus)

2 Eiswürfel

1 gute Prise Salz

1. Schütte die Kichererbsen über einer Schüssel in ein Sieb, um die Flüssigkeit oder das Kochwasser abzugießen.

Schütte diese Flüssigkeit nicht weg – sie heißt Aquafaba, und du kannst damit die Mayo auf Seite 66 machen.

2. Fülle die Kichererbsen zusammen mit dem Zitronensaft, dem Knoblauch und dem Olivenöl in einen Standmixer oder eine Küchenmaschine. Rühre das Tahin gut um und gib es zusammen mit 2 EL Wasser und den Eiswürfeln ebenfalls zu der Mischung.

3. Mixe, bis die Masse ganz glatt und das Eis völlig geschmolzen ist. Schmecke mit dem Salz ab.

4. In einem verschlossenen Glas oder einer abgedeckten Schüssel hält sich das Hummus 4 Tage im Kühlschrank.

HALLOWEEN-HUMMUS

In den USA werden jedes Jahr zu Halloween fast 600 Millionen Kilo Kürbis weggeworfen – verwende dein Kürbisfleisch lieber für dieses köstliche Hummus.

Wirf deine ausgehöhlte Kürbislaterne auf den Komposthaufen oder in die Biotonne, aber niemals in den Restmüll.

2

5

FÜR 6–8 PORTIONEN

etwa 500 g Kürbisfleisch, in große Stücke geschnitten

1 TL ganzer Kreuzkümmel

½ TL Salz

2 EL Olivenöl

die Zutaten für das Hummus auf der Seite gegenüber

1 Heize den Backofen auf 200 °C Ober-/Unterhitze (Gas Stufe 6) vor.

2 Gib die Kürbisstücke, den Kreuzkümmel, das Salz und das Olivenöl auf ein tiefes Backblech und vermische alles gut mit den Fingern.

3 Backe den Kürbis etwa 40 Minuten im Ofen, bis er anfängt, braun zu werden.

4 Nimm den Kürbis aus dem Ofen (ziehe dazu Ofenhandschuhe an!) und lasse ihn abkühlen.

5 Püriere den Kürbis zusammen mit den übrigen Hummuszutaten im Mixer.

WENIGER FLEISCH, MEHR PFLANZEN:

UNSERE ERDE BESCHÜTZEN

In den letzten 50 Jahren hat sich die Fleischmenge, die jeder Mensch auf der Welt isst, verdoppelt. Da die Weltbevölkerung voraussichtlich um weitere 2 Milliarden Menschen wachsen wird, müssen wir an unserer Ernährung etwas ändern.

GRÜNDE, WENIGER FLEISCH ZU ESSEN

TIERE ZU HALTEN, UM FLEISCH UND MILCHPRODUKTE ZU PRODUZIEREN, VERBRAUCHT RIESIGE MENGEN LAND

Um 1 Portion Rindfleisch zu produzieren, wird 20-mal so viel Land verbraucht wie für 1 Portion pflanzlicher Proteine.

Große Flächen des Dschungels am Amazonas und anderer Urwälder werden gerodet, nicht nur, um dort Tiere zu halten, sondern auch, um Getreide und Soja anzubauen, mit denen in Massentierhaltung gehaltenes Vieh am anderen Ende der Welt gefüttert wird. Wir müssen ganz dringend unsere Natur mit ihren Tieren und Bäumen beschützen.

Wir stellen uns oft vor, dass unsere Kühe auf grünen Weiden zwischen Bienen und Löwenzahnblumen grasen – aber weltweit wachsen zwei von drei Tieren in Massentierhaltung auf und werden mit Futter aufgezogen, das Tausende von Kilometern entfernt angebaut wurde.

WIR VERSCHWENDEN KALORIEN

Wir könnten weniger Getreide anbauen, wenn mehr davon in unserem eigenen Magen landen würde. Zurzeit wird mehr als ein Drittel der Kalorien, die wir durch Getreideanbau erhalten, an Tiere verfüttert.

Kalorien sind die Energie, die wir aus unserer Nahrung bekommen.

Mit 100 Kalorien aus Getreide bekommen wir nur

=

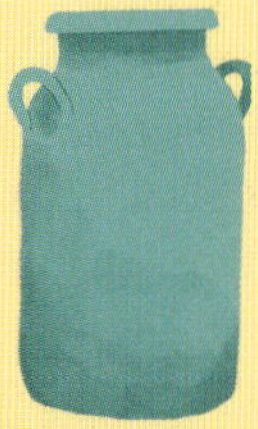

40 Kalorien aus Milch

oder

22 Kalorien aus Eiern

oder

12 Kalorien aus Hähnchenfleisch

oder

3 Kalorien aus Rindfleisch

WIR MÜSSEN WASSER SPAREN

Vielleicht lebst du in einer Gegend, in der es viel regnet, aber vergiss nicht, wie knapp und kostbar Wasser in vielen Gebieten der Welt ist.

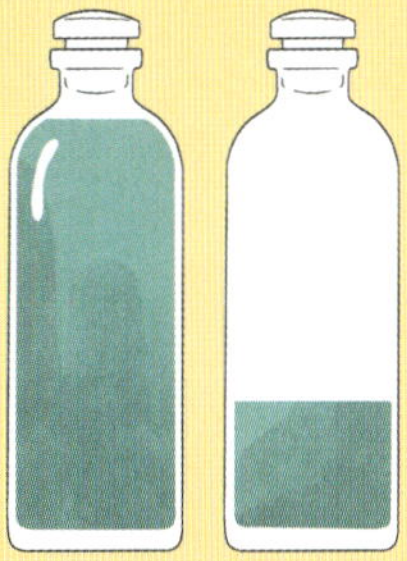

Um 1 kg Linsen anzubauen, braucht man 1250 l Wasser.

Um 1 kg Rindfleisch zu produzieren, braucht man 13000 l Wasser.

Das ist eine riesige Wassermenge!

WIR VERSCHWENDEN AUCH WASSER:

1 kg Rindfleisch = 8 kleine Burger, das bedeutet also 1625 l Wasser pro Burger

1-mal duschen = durchschnittlich 10 l Wasser pro Minute

ÜBERLEG MAL ... du könntest über 2 ½ Stunden unter der Dusche stehen und hättest immer noch nicht so viel Wasser verbraucht, wie zur Herstellung EINES Burgers gebraucht wird! Warum also nicht lieber einen leckeren Veggie-Burger essen? Oder deinen Fleischburger als besonderes Extra einmal im Monat essen statt jede Woche?

ERDERWÄRMUNG

Wir alle haben schon davon gehört, dass es auf unserer Erde stetig wärmer wird, weil wir immer mehr Treibhausgase in die Atmosphäre blasen. Dort sammeln sie sich wie eine unsichtbare Decke und halten die Wärme darunter gefangen.

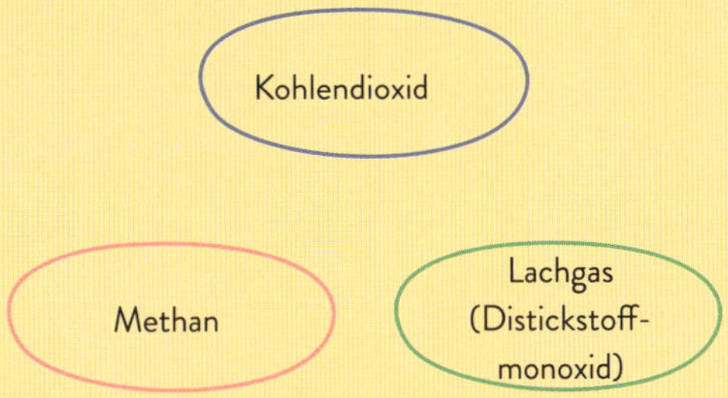

Diese Gase entstehen, wenn wir fossile Brennstoffe wie Öl und Gas verbrennen, zum Beispiel zum Beheizen oder Kühlen unserer Wohnungen, zur Produktion von Strom, für den Verkehr, für die Landwirtschaft oder in Fabriken, damit diese die Waren herstellen, die wir verbrauchen.

In der Tierhaltung – vor allem von Rindern – entstehen bei der Verdauung der Tiere ebenfalls große Mengen Gas. Das meiste davon landet durch Rülpsen oder Pupsen der Tiere in der Atmosphäre ... und bei weit mehr als einer Milliarde Rindern auf der Erde ist das eine Menge Methan!

Die Emissionen (also der Ausstoß schädlicher Gase) durch Industrie, Transport und Landwirtschaft können durch Bäume aufgefangen werden: Sie können große Mengen Kohlendioxid aus der Luft aufnehmen und geben dafür Sauerstoff an die Atmosphäre ab ... und doch holzen wir sie ab!

ZUR DISKUSSION: IST FLEISCHESSEN IMMER SCHLECHT?

Für manche kleineren Betriebe, die Ackerbau und Viehzucht betreiben, spielen Tiere eine wichtige Rolle: Ihre Gülle wird als natürlicher Dünger verwendet, damit der Boden fruchtbar bleibt. Auf diese Weise können keine riesigen Fleischmengen produziert werden wie in der Massentierhaltung, und das Fleisch ist daher natürlich teurer. Wenn wir alle VIEL, VIEL weniger Fleisch essen würden, könnten wir es uns vielleicht leisten, es bei Bauern zu kaufen, denen das Wohl ihrer Tiere und ihres Bodens am Herzen liegt, und die Massentierhaltung abschaffen?

In manchen der ärmsten ländlichen Gegenden der Welt sind die Menschen zum Überleben auf Tiere angewiesen, und da diese Menschen so einen kleinen Teil der weltweit verbrauchten Energie benötigen, sollten wir sie ganz sicher nicht dafür verurteilen.

MAYO MIT AQUAFABA

Aquafaba ist die etwas glibberige Flüssigkeit, die nach dem Kochen von Kichererbsen übrig bleibt. Bei Bohnen übrigens auch, aber Kichererbsenwasser scheint als Eiweiß-Ersatz am besten zu funktionieren. So kannst du prima etwas verwenden, das du sonst wahrscheinlich in den Ausguss geschüttet hättest. Es ist sehr nützlich, wenn du keine Eier isst.

Wenn du die Flüssigkeit aus einer Dose Kichererbsen verwendest (was völlig okay ist), achte darauf, dass weder Salz noch Zusatzstoffe enthalten sind.

Wenn du das Aquafaba nicht sofort verwenden willst, kannst du es in Eiswürfelbehältern einfrieren.

DAS IST DIE KLASSISCHE MAYONNAISE. DU KANNST SIE NOCH AUFPEPPEN

Für den besonderen Kick: Gib mit dem Zitronensaft einfach die abgeriebene Schale von ½ unbehandelten Zitrone dazu.

Mit Limette: Ersetze den Zitronensaft durch den Saft von 1 ganzen Limette und gib auch die Schale dazu.

Grüne Mayo: Gib fein gehackte frische Kräuter (z. B. Petersilie, Basilikum Koriander) oder Blätter (z. B. Brunnenkresse, Rucola) hinzu.

Schön scharf: Mit ein paar Löffeln mexikanischer Chipotles en adobo (geräucherte Chilischoten in Sauce) oder Chipotle-Ketchup wird die Mayo zur perfekten Burger-Sauce. Gib nicht zu viel auf einmal dazu, Chipotles können sehr scharf sein!

3 EL Aquafaba

2 TL Dijonsenf

200 ml Pflanzenöl (z. B. kalt gepresstes Rapsöl)

Saft von ½ Zitrone oder 1–2 EL Weinessig

1 Prise Salz

etwas schwarzer Pfeffer (wenn du magst)

1. Gib das Aquafaba mit dem Senf in eine Rührschüssel.
2. Verquirle alles, bis die Mischung eher cremig und schaumig als wässrig aussieht.
3. Lasse in dünnem Strahl das Öl hineinlaufen (mit einer Quetschflasche geht das super, aber eine Kanne mit Ausgießer tut es auch) und höre dabei nicht auf zu quirlen. Am besten geht das zu zweit, es sei denn, du hast eine wirklich schwere Schüssel, die beim Quirlen nicht verrutscht.
4. Wenn du etwa drei Viertel der Ölmenge untergerührt hast, kannst du den Zitronensaft oder den Essig und das Salz dazugeben.
5. Nun gib nach und nach unter Rühren das übrige Öl dazu, bis du eine tolle dickflüssige Mayo hast. Vergiss nicht, sie mit Salz und Pfeffer abzuschmecken.

1

3

4

SUPPEN UND SALATE

KALTE SPANISCHE TOMATENSUPPE

GAZPACHO

Dies ist im Grunde einfach ein pikanter Smoothie. Falls das etwas seltsam klingt, warte, bis es im Sommer einmal so richtig heiß ist – dann ist es das Erfrischendste, das es gibt – du wirst Gazpacho LIEBEN!

EXTRATIPP
Mache Gazpacho nur, wenn Tomaten Saison haben – dann sind sie am reifsten, leckersten und billigsten.

FÜR 4–6 PORTIONEN

500 g richtig reife Tomaten am Zweig (aber es geht auch ohne Zweig)

1 rote Paprikaschote

1 Salatgurke

1 Knoblauchzehe

2 Frühlingszwiebeln

2 EL Rotweinessig oder Sherryessig

5 EL natives Olivenöl extra

½ TL Salz

12 große Eiswürfel zum Servieren

einige Blätter von frischem Basilikum oder Majoran zum Servieren

1. Pflücke die Tomaten vom Zweig ab und lege diesen für später beiseite. Schneide die Tomaten in der Mitte durch.

2. Schneide die Paprikaschote in der Mitte durch und entferne den Stiel und die Kerne. Schneide die Paprika grob klein. Schneide die Gurke in große Stücke (entferne die Schale nur, wenn sie sehr hart und stachelig ist). Schneide den Knoblauch in der Mitte durch und ziehe die Schale ab. Schneide die Frühlingszwiebeln in Ringe.

3. Püriere alle Zutaten zusammen im Mixer. Es macht nichts, wenn sie nicht alle auf einmal hineinpassen – du kannst sie in mehreren Portionen pürieren und dann alles in einer großen Schüssel oder einem Krug vermischen. Achte darauf, dass die Suppe RICHTIG glatt ist – falls sie noch grobe Stücke oder Schalenstückchen enthält, püriere weiter, bis sie perfekt ist.

4. Gib die ganzen Tomatenzweige mit in die Schüssel oder den Krug (sie geben der Suppe Aroma und werden vor dem Servieren herausgenommen). Lasse die Suppe ein paar Stunden im Kühlschrank durchziehen, damit der Geschmack sich entfaltet und die Suppe richtig kalt wird.

5. Serviere die Suppe in gekühlten Schälchen mit reichlich Eiswürfeln und mit Kräutern bestreut.

In Spanien wird diese Suppe manchmal mit einer Scheibe Brot vom Vortag angedickt – es wird einfach 5 Minuten in Wasser eingeweicht und dann mit in den Mixer gegeben.

Wie wär's noch mit ein paar Croûtons? Siehe Seite 80!

1

2

3

5

GRÜNE ERBSENSUPPE MIT KOKOSMILCH

Schnell gemacht, vor allem, wenn du tiefgekühlte Erbsen verwendest. Wenn du frische Erbsen palst, kannst du eine leckere Gemüsebrühe machen, indem du die Hülsen zusammen mit ein paar Zwiebelschalen kochst. Püriere die Suppe in einem Smoothie-Mixer, nicht in der Küchenmaschine, damit sie wirklich ganz glatt wird.

Su(p)pi!

FÜR 4 PORTIONEN

2 EL Kokosöl oder kalt gepresstes Rapsöl

5 Frühlingszwiebeln, in Ringe geschnitten

2 Knoblauchzehen, geschält und durch eine Presse gedrückt oder fein gerieben

1 Stück frischer Ingwer (3 cm lang), fein gehackt oder gerieben

1 kleiner Bund frischer Koriander, die Stiele fein gehackt, die Blätter abgezupft

600 g gepalte frische oder tiefgekühlte Erbsen

500 ml Gemüsebrühe (Brühe aus 1 guten Brühwürfel genügt völlig)

1 Dose (400 g) Kokosmilch – schüttele die Dose vor dem Öffnen gründlich

Schale und Saft von 1 unbehandelten Limette

Salz und schwarzer Pfeffer

1 Spritzer natives Olivenöl extra

1. Erhitze das Öl in einem großen Topf auf mittlerer Stufe. Gib die Frühlingszwiebeln, den Knoblauch, den Ingwer und 1 EL gehackte Korianderstängel hinein und schwitze alles 5 Minuten leicht an, bis du den Duft von Knoblauch und Ingwer gut riechen kannst. !!!

2. Gib die Erbsen hinein (wenn du tiefgekühlte nimmst, verwende sie direkt aus dem Gefrierschrank) und gieße die Gemüsebrühe dazu. Koche die Erbsen, bis sie weich sind: Gefrorene Erbsen brauchen etwa 2 Minuten, frische sollten nach 5 Minuten gar sein.

3. Nimm den Topf von der Herdplatte und nimm einen Löffel voll Erbsen zum späteren Garnieren heraus.

4. Gib die Mischung in einen Mixer und püriere sie glatt. Dann gieße sie zurück in den Topf. !!!

5. Gieße fast die gesamte Kokosmilch in den Topf; lasse nur etwa 1 EL davon in der Dose. Füge bis auf ein paar Blättchen zum Garnieren alle Korianderblätter hinzu.

6. Erhitze die Suppe erneut auf mittlerer Stufe, dann gib die Schale und den Saft der Limette dazu und würze mit etwas Salz und schwarzem Pfeffer.

7. Zum Servieren dekoriere die Suppe mit den aufbewahrten Erbsen, einem Spritzer Kokosmilch aus der Dose, einem dünnen Strahl Olivenöl und den übrigen Korianderblättern.

Zu heiß für Suppe? Diese Suppe schmeckt auch super kalt aus dem Kühlschrank mit ein paar Eiswürfeln darin!

1

2

4

5

EINKAUF NACH SAISON

VORRÄTE FÜRS GANZE JAHR

Einige unserer nützlichsten und gesündesten Zutaten sind getrocknet oder haltbar gemacht, sodass wir sie das ganze Jahr über verwenden können.

Hülsenfrüchte wie Bohnen, Kichererbsen, Linsen und Erbsen können getrocknet, in Dosen oder vorgekocht und in Gläsern eingemacht aufbewahrt werden. Sie machen dich gut satt und stecken außerdem voller Proteine. Getreide und Saaten wie Hafer, Weizen, Reis, Roggen, Buchweizen und Quinoa sind eine prima Basis für viele Gerichte und sind besonders gesund, wenn wir das »volle« Korn essen.

EIN PAAR EXTRAS AUS FERNEN LÄNDERN

Es wäre schwierig, ganz ohne Zitronen, Bananen oder Avocados auszukommen, ohne Orangen und Mandarinen zur Weihnachtszeit oder ab und zu eine Ananas. Es kommt auf das Gleichgewicht an. Wenn unser Einkaufskorb in der Regel nachhaltige Produkte und Früchte der Saison enthält, ist es okay, sich hin und wieder etwas Exotisches zu gönnen. Versuche jedoch, die ganze Frucht zu kaufen, keine vorgeschnittenen, in Plastik verpackten Stücke.

3 GUTE GRÜNDE, UM SAISONAL ZU ESSEN

WIRKLICH FRISCHE ZUTATEN SCHMECKEN BESSER

Obst, das zuerst um die Welt reisen muss, wird oft gepflückt, bevor es reif ist, damit es den Transport unbeschadet übersteht. Manche Gemüse wie Spargel oder grüne Erbsen verlieren jedoch ihren Frischekick innerhalb eines Tages nach der Ernte.

WENN ES VIEL VON EINEM LEBENSMITTEL GIBT, IST ES OFT BILLIGER

Achte auf dem Markt oder im Gemüseladen auf Angebote. Vielleicht bekommst du manche Lebensmittel sogar umsonst, wenn du ein bisschen stöberst oder wenn du das Glück hast, ein Gemüsebeet oder einen Obstbaum zu besitzen – vielleicht hast du auch nette Nachbarn mit einem Gemüsegarten oder es gibt in der Nähe einen Gemeinschaftsgarten.

DAFÜR ZAHLT AUCH DIE ERDE WENIGER

Beheizte Gewächshäuser, in denen in kälteren Gegenden nicht der Jahreszeit entsprechende Früchte wachsen, verbrauchen wertvolle Energie. Der Transport von Obst und Gemüse mit dem Flugzeug verbrennt noch mehr fossile Brennstoffe.

Je nachdem, wo man lebt, kann saisonales Obst aus der Region ganz unterschiedlich aussehen. In tropischen Gegenden wachsen vielleicht Ananas, Bananen, Passionsfrüchte oder Kokosnüsse vor der Haustür, nicht wie bei uns Radieschen und Himbeeren.

MINESTRONE MIT 10 GEMÜSEN

Könnte bei der 10-Gemüse-Challenge helfen!

Diese deftige Suppe eignet sich super dafür, alle möglichen Gemüsereste aufzubrauchen – je mehr Sorten, desto besser. Eine nützliche Regel lautet, dass alles, was unter der Erde wächst wie Zwiebeln, Knoblauch, Kartoffeln, Karotten oder Rote Bete, eine längere Kochzeit benötigt und daher zuerst in den Topf wandert, während die meisten Blattgemüse, Erbsen, Bohnen, Brokkoli und anderes erst später dazukommen. Eine Ausnahme ist Staudensellerie: Wird er lange und sanft mitgekocht, verleiht er Brühen, Suppen und Eintöpfen ein wundervolles Aroma.

FÜR 4–6 PORTIONEN

2 EL Olivenöl

1 Zwiebel oder 6 Frühlingszwiebeln, in Würfel geschnitten

2 Selleriestangen, in Würfel geschnitten (auch die Blätter kannst du fein hacken und später in die Suppe geben)

2 Karotten, in Würfel geschnitten

250 g Kartoffeln, Knollensellerie oder Süßkartoffeln, geschält und in kleine Würfel geschnitten

1 Prise Salz

1 Stück Parmesanrinde (falls du gerade eines dahast)

1 Dose (400 g) gehackte Tomaten

1 Dose (400 g) Bohnen (z. B. weiße Bohnen, Cannellini, Borlotti) oder Kichererbsen, abgetropft

50 g Nudeln (durchgebrochene Spaghetti oder Tagliatelle sind super, du kannst aber jede beliebige Form nehmen)

300 g gemischtes grünes Gemüse (z. B. grüne Bohnen, Zucchini, Spargel, Erbsen, Zuckererbsen, Grünkohl, Weißkohl, Brokkoli, Spinat, Mangold, Radieschen, Kohlrabi, Rote-Bete-Blätter, Karottengrün – du entscheidest)

ZUM SERVIEREN

3 EL geriebener Parmesan oder Hefeflocken

1 Handvoll frische glatte Petersilie oder Basilikumblätter (wenn du magst)

ODER

4 EL Kräuterpesto (siehe Seite 108)

1 Erhitze das Öl in einem großen Topf auf niedriger Stufe und gib die Zwiebel oder die Frühlingszwiebeln, den Sellerie und die Karotten hinein. Schwitze alles etwa 10 Minuten an, bis die (Frühlings-) Zwiebel weich ist. !!!

2 Gib die gewürfelten Kartoffeln, Selleriestücke oder Süßkartoffeln und 1 Prise Salz dazu, außerdem die Parmesanrinde, falls verwendet (sie gibt der Suppe Geschmack; du musst sie aber vor dem Servieren herausfischen). Gieße 1 l Wasser dazu und erhitze alles, bis es kocht, dann lasse es etwa 5 Minuten bei einer niedrigen Temperatur köcheln.

3 Schütte vorsichtig die Tomaten, die Bohnen und die Nudeln in den Topf. Stelle eine höhere Temperatur ein, rühre alles um und lasse die Suppe etwa 5 Minuten kochen.

!!!Vorsicht, heißer Dampf

4 Schneide dein grünes Gemüse in mundgerechte Stücke, gib es in die Suppe und lasse die Suppe noch 2–3 Minuten (mit Bohnen 10 Minuten) kochen, bis das Gemüse eben gar, aber noch knackig und leuchtend grün ist.

5 Bestreue die Suppe mit geriebenem Parmesan und Kräutern oder gib einen Klecks Pesto hinein und serviere sie.

1

2

3

5

4

TOMATENSUPPE MIT ROSMARIN UND ROTEN LINSEN

Dies ist eine wärmende Wintersuppe, ideal zum Mitnehmen in einer Thermosflasche. Tomaten in Dosen sind perfekt für Saucen, Suppen und Eintöpfe, vor allem in den Wintermonaten, wenn frische Tomaten wenig Geschmack haben – und für das Beheizen von Gewächshäusern, um Gemüse in der kalten Jahreszeit anzubauen, wird so viel Energie gebraucht.

FÜR 4 PORTIONEN

2 EL Olivenöl

1 Zwiebel, geschält und fein gewürfelt

1 Zweig (10 cm lang) frischer Rosmarin

2 Knoblauchzehen, geschält und durch eine Presse gedrückt

1 gute Prise Chiliflocken (wenn du magst)

225 g getrocknete rote Linsen, gewaschen

1 Dose (400 g) gehackte Tomaten

1,2 l Gemüsebrühe

Salz

Schale und Saft von 1 unbehandelten Zitrone

4 EL Crème fraîche (wenn es vegan sein soll: auf Haferbasis) oder saure Sahne

Wenn du ganze Tomaten verwendest, kannst du sie noch in der geöffneten Dose mit einer Küchenschere klein schneiden.

1 Erhitze das Olivenöl in einem großen Topf auf niedriger Stufe und schwitze darin die Zwiebeln an, bis sie weich sind (das dauert mindestens 10 Minuten). !!!

2 Zupfe inzwischen die Rosmarinnadeln vom Zweig und schneide sie ganz, ganz fein – sonst fühlen sie sich später an wie Tannennadeln in der Suppe.

3 Gib den Rosmarin, den Knoblauch und die Chiliflocken in den Topf (pass auf, manche Chilis sind superscharf!!!) und rühre um.

4 Wenn du den Duft von Rosmarin und Knoblauch riechen kannst, gib die Linsen, die Tomaten und die Gemüsebrühe in den Topf und lasse alles etwa 30 Minuten köcheln oder so lange, bis die Linsen weich sind.

5 Wenn dir die Suppe zu dick vorkommt, gib noch etwas Brühe oder Wasser dazu, aber die Suppe soll schon deftig sein – warm und fest wie eine Umarmung. Würze mit ½ TL Salz, der Zitronenschale und dem Zitronensaft – die Suppe sollte wirklich frisch und pikant schmecken.

6 Zum Servieren gib einen Klecks Crème fraîche auf die Suppe.

Für eine noch sättigendere herzhafte Suppe kannst du die schnellen Croûtons von Seite 80 darüberstreuen.

2

3

4

5

SCHNELLE CROÛTONS

Ein perfektes Rezept, um etwas altbackenes Brot noch zu verwerten. Für diese blitzschnell gemachten knusprigen Croûtons brauchst du keine Bratpfanne, nur einen Toaster. Croûtons schmecken super, wenn du sie auf Salate, Suppen oder andere Gerichte streust, zum Beispiel auf den Nudelauflauf mit Bohnen von Seite 114.

Superlecker auf Tomatensalat.

MFÜR 4 PORTIONEN

2 dicke Scheiben Brot (am besten Vollkorn- oder Sauerteigbrot)

1 Knoblauchzehe

3 EL natives Olivenöl extra

2 EL fein geriebener Parmesan oder Hefeflocken, wenn es vegan sein soll

1. Toaste das Brot, bis es ganz trocken und knusprig ist – das geht gut in einem normalen Toaster oder auch unter dem Backofengrill.

2. Schneide die Knoblauchzehe längs in der Mitte durch, dann reibe mit der Schnittfläche überall über beide Seiten der Brotscheiben.

3. Schneide das Brot in fingerdicke Streifen und dann quer in Würfel.

4. Gib die Brotwürfel in eine Schüssel, träufele das Olivenöl darüber und streue dann den Parmesan darauf. Vermische alles gründlich.

2

3

4

WIE WÄRE ES MIT ZA'ATAR-CROÛTONS?

Za'atar ist eine orientalische getrocknete Kräuter-Gewürzmischung. So machst du sie selbst:

1 TL getrockneter Thymian

1 TL getrockneter Oregano

2 TL gerösteter Sesam

2 TL Sumach (ein säuerlich-frisches Gewürz)

½ TL Salz

Vermische die Kräuter und Gewürze und verwende die Mischung im Rezept gegenüber anstelle des Parmesans.

ODER

Streue das Gewürz einfach auf Hummus oder auf Pitabrot, zusammen mit ein paar Tropfen Olivenöl.

KNACK-SALAT

Das perfekte Rezept zum Plündern des Kühlschranks (oder des Gemüsefachs). Die einzige Vorgabe ist: knackig – Tomaten oder zarte Blätter sind hier fehl am Platz. Die meisten Krautsalate werden geraspelt, doch wenn du den Kohl klein schneidest und hackst, behält er mehr Biss. Die angegebenen Mengen dienen zu deiner Orientierung, aber spiele einfach mit dem, was du hast.

FÜR 4 PORTIONEN

½ rote Zwiebel, geschält und in Ringe geschnitten

2 EL Apfelessig oder Weißweinessig

150 g Rotkohl oder Weißkohl (alternativ sogar Rosenkohl)

2 Karotten, geschält oder sauber geschrubbt (auch bunte Karottensorten sehen sehr schön aus)

1 rote oder gelbe Paprikaschote

100 g Sellerie, Kohlrabi, Radieschen, Rote Bete (hübsch ist die gestreifte Sorte Chioggia), Blumenkohl oder Pastinaken

1 Apfel oder Birne

Saft von ½ Zitrone

25 g Trockenfrüchte (z. B. Aprikosen, Datteln, Feigen)

1 Handvoll Nusskerne (z. B. Walnüsse, Haselnüsse, Mandeln, Erdnüsse)

2 EL geröstete Saaten (z. B. Kürbiskerne, Sonnenblumenkerne, Sesam, Leinsamen, Mohn)

4 EL natives Olivenöl extra

Salz und schwarzer Pfeffer

1 Gib die Zwiebelringe mit dem Essig in eine kleine Schüssel und rühre um – beim Einweichen verfärben die Zwiebeln sich leuchtend pink.

2 Schneide den Kohl in ganz feine Streifen, die Karotten in dünne Scheiben und die Paprika ebenfalls in Streifen. Die meisten anderen Gemüse musst du schälen und dann in dünne Stifte oder Scheiben schneiden – die Form spielt keine Rolle, die Stücke sollen nur nicht zu groß und dick sein.

3 Fülle alle vorbereiteten Gemüse in eine große Salatschüssel.

4 Viertele und entkerne den Apfel oder die Birne und schneide sie klein. Fülle die Stücke in eine kleine Schüssel und beträufele sie mit dem Zitronensaft (der saure Saft verhindert, dass das Obst braun wird).

5 Schneide die Trockenfrüchte in kleine Stückchen, damit ihr süßes Aroma schön in den Salat ziehen kann.

6 Nun gib alle Früchte, Nüsse und Saaten in den Salat, dazu auch die Zwiebeln mitsamt dem Essig vom Einweichen. Füge das Olivenöl hinzu, mische alles gut durch und schmecke mit Salz und Pfeffer ab.

Das ist eine super Gelegenheit, eine neue Gemüsesorte auszuprobieren. Mische sie unter all deine Lieblingssorten.

Verwende mindestens 5 verschiedene Sorten frisches Obst und Gemüse plus Nüsse und Saaten.

2

6

!!!

SAATEN ANRÖSTEN

Gib nur ein paar Saaten in eine trockene Bratpfanne und erhitze sie. Rüttele alle paar Sekunden an der Pfanne, um die Saaten zu wenden. Sobald sie beginnen, in der Pfanne herumzuhüpfen, sind sie fertig. Schütte sie sofort auf einen Teller zum Abkühlen.

SUPERFOOD: SAATEN UND SPROSSEN

Aus Saaten oder Samen essbare Lebensmittel zu ziehen verbraucht so viel weniger Land und Wasser als die Aufzucht von Tieren – und dabei geben sie unserem Körper genauso viele wichtige Nährstoffe.

Saaten sind eine sehr gute alternative Proteinquelle für Menschen, die weniger Fleisch, Fisch und Milchprodukte essen möchten oder ganz darauf verzichten wollen. Wir alle brauchen in unserer Ernährung Proteine – sie sind die Bausteine Nummer eins für Wachstum und Erhalt von Knochen und Muskeln.

Saaten enthalten viele Ballaststoffe, die gut sättigen und die Billionen wertvoller Mikroben in deinem Darm ernähren.

Ja, in unseren Verdauungsorganen leben Unmengen von winzigen Organismen wie Bakterien, Pilze und Hefen, die dafür sorgen, dass wir gesund bleiben, und auch sie brauchen ein wenig Liebe und Zuwendung.

Saaten enthalten jede Menge verschiedener gesunder Fette, Mineralien und Vitamine, die alle wichtig dafür sind, uns fit zu halten.

Alle diese kleinen Saaten sind einfach VOLL von guten Inhaltsstoffen – kein Wunder, wenn du bedenkst, dass sie alles enthalten, um unter den richtigen Bedingungen zu einer vollständigen neuen Pflanze heranzuwachsen!

DU BRAUCHST

1 großes Glas, am besten ein Bügelglas, dessen Deckel mit einem Drahtbügel befestigt ist

50 g getrocknete Mungbohnen, Linsen oder Erbsen

1 kleines Stück sauberes Käseleinen (Mull) oder Musselin

1 Gummiband

Du kannst auch ein spezielles Sprossenglas mit einem Filterdeckel und einem Gestell zum Aufstellen kaufen, aber mit dem Bügelglas geht es genauso gut.

1 Fülle die getrockneten Hülsenfrüchte in dein Glas und bedecke sie mit kaltem Wasser. Lasse die Saaten ungefähr 8 Stunden einweichen – dadurch werden sie wieder zum Leben erweckt, sodass Sprossen daraus wachsen können.

2 Die Sprossen müssen atmen – befestige daher mithilfe eines Gummibands ein Stück Käseleinen oder Musselin über der Öffnung des Glases. Gieße vorsichtig das Wasser ab und verteile dabei die Saaten auf der ganzen Länge des Glases. Stelle das Glas auf eine Schale oder über eine Schüssel und lasse den Deckel schräg offen stehen, damit weitere Flüssigkeit abtropfen kann. Das Glas sollte nicht direkt in der Sonne stehen (dort wird es zu warm).

3 Nach 12 Stunden gieße durch das Tuch kaltes Wasser in das Glas, um die Hülsenfrüchte zu spülen. Schwenke das Glas ein wenig, sodass die Saaten darin kreisen, dann schütte das Wasser ab und stelle das Glas für weitere 12 Stunden wieder schräg hin.

4 Wiederhole dies noch an 2 Tagen alle 12 Stunden, bis aus deinen Saaten ein Keimling gewachsen ist. Wenn die Sprossen so lang sind wie die Samen, kannst du sie essen, doch wenn du sie lieber etwas größer hättest, mach noch 1 Tag weiter.

5 Spüle die Sprossen gründlich durch. Dann kannst du sie essen oder auf Küchenpapier abtropfen lassen und bis zu 3 Tage im Kühlschrank aufbewahren.

Superlecker auf Salate gestreut, in Sandwiches oder auf Suppen und Currys.

SPROSSEN AUS HÜLSENFRÜCHTEN

Wenn du ein bisschen ungeduldig bist oder gerne selbst etwas wachsen lassen möchtest, ohne ständig Angst zu haben, dass Schnecken deine kleinen Keimlinge auffuttern könnten, dann ist Sprossenziehen das Richtige für dich. Gib deinen Hülsenfrüchten etwas Wasser, Licht und Wärme, und sie beginnen zu wachsen. Innerhalb weniger Tage verwandeln sie sich aus trockenen, schlafenden Samen in lebendige Nahrung, zum Beispiel in knackige Bohnensprossen.

ALSO – WELCHE SAMEN KÖNNEN WIR ESSEN?

Man vergisst leicht, dass Hülsenfrüchte (also Linsen, Kichererbsen, Bohnen und Erbsen) einfach Samen sind, die in Hülsen wachsen.

Ebenso sind Getreidekörner (z. B. Weizen, Gerste, Reis und Hafer) die Samen von Getreidegräsern.

Und Nüsse (z. B. Mandeln, Haselnüsse, Walnüsse und Pistazien) sind die Samen von Bäumen, die in einer Schale wachsen.

Natürlich gibt es auch die offensichtlicheren Samen wie Sonnenblumenkerne, Kürbiskerne, Sesam, Hanfsamen und so viele andere.

KNACKIGER SALAT MIT ZERQUETSCHTER GURKE UND PIKANTEM INGWER-DRESSING

Ja, wirklich, hier ist es einmal erlaubt, ein Gemüse zu zerquetschen!

Für chinesische Gurkensalate werden die Gurken traditionell zerquetscht – die Risse und rauen Kanten nehmen wunderbar das Dressing auf. Dies ist ein perfekter Salat für einen richtig heißen Sommertag.

FÜR 4 PORTIONEN

1 mittelgroße Salatgurke

½ kleiner Kohlrabi (ca. 150 g, wenn du magst)

150 g Bohnensprossen oder selbst gezogene Linsen- oder Mungbohnensprossen (siehe Seite 85), gut gewaschen

2 Frühlingszwiebeln, in Ringe geschnitten

1 × pikante Ingwer-Dipsauce (siehe Seite 59)

1 Romanasalatherz

1 kleine Handvoll frische Korianderblätter

einige Minzblätter

1 Handvoll geröstete Erdnusskerne

Probiere unbedingt Kohlrabi, wenn du welchen bekommst. Er sieht ein bisschen aus wie ein Ufo, aber er schmeckt mild und ist herrlich knackig und saftig.

1 Lege die Gurke auf dein Schneidbrett und schlage fest mit einem Nudelholz darauf, sodass die Schale aufplatzt, das Fruchtfleisch jedoch nicht völlig zermatscht wird. Schlage vier- oder fünfmal auf die eine Seite, dann rolle die Gurke herum und schlage genauso auf die andere Seite.

2 Nun schneide die Gurke in 2,5 cm große Stücke (am einfachsten geht das, wenn du die Gurke längs halbierst und dann in Scheiben schneidest) und fülle sie in eine große Schüssel.

3 Schneide die Blätter mit den langen Stielen von dem Kohlrabi ab (die Blätter kannst du klein geschnitten in einer Gemüsepfanne verwenden). Schäle das runde Gemüse sorgfältig und schneide es mithilfe des Krallengriffs (siehe Seite 13) in der Mitte durch. Schneide einige dünne Scheiben ab und schneide diese quer in dünne Stifte. Gib die Stifte zusammen mit den Bohnen-, Linsen- oder Mungbohnensprossen und den Frühlingszwiebeln in die Schüssel.

DU KÖNNTEST AUCH …

1 klein geschnittene Chilischote für ein bisschen Schärfe hinzufügen

diesen Salat auf kalten gekochten Reisnudeln servieren

alle überraschen, indem du ein paar Stücke Honigmelone oder Wassermelone mit in den Salat gibst!

4 Gieße das pikante Ingwerdressing darüber und stelle die Schüssel für mindestens 15 Minuten in den Kühlschrank.

5 Inzwischen schneide den Romanasalat quer in Streifen, wasche ihn in einem Sieb oder einer Salatschleuder und lasse ihn gut abtropfen.

6 Kurz vor dem Servieren nimm den Gurkensalat aus dem Kühlschrank, vermische ihn mit dem geschnittenen Salat und den Kräutern und streue die Erdnusskerne darüber.

1

2

3

4

5

INDISCHER KICHERERBSENSALAT

CHANA CHAAT

In ganz Indien werden entlang der Straße an kleinen Wagen köstliche pikante Snacks verkauft, die Chaat genannt werden – dies ist eine der leckersten Varianten davon. Es ist ein TOTAL süßer, saurer, pikanter und scharfer Angriff auf die Geschmacksknospen. Fast Food auf Indisch!

Suche das Obst für diesen Salat nach dem aus, was gerade Saison hat oder in deiner Region wächst. Traditionell wird Mango verwendet, in Nordindien manchmal auch Apfel – du könntest aber auch Pflaumen, Aprikosen oder Pfirsiche probieren oder worauf du sonst Lust hast. Der Salat schmeckt köstlich mit Joghurt und Fladenbrot.

Backe dein eigenes oder toaste etwas Pitabrot.

FÜR 4 PORTIONEN

350 g Kartoffeln, geschält und in große Stücke geschnitten

1 Dose (400 g) Kichererbsen, abgetropft (bewahre die glibberige Flüssigkeit für die Aquafaba-Mayo von Seite 66 auf)

4 Tomaten, gewürfelt

1 Stück Salatgurke (ca. 10 cm lang), gewürfelt

1 Stück frischer Ingwer (ca. 2 cm lang), fein gewürfelt

½ rote Zwiebel, geschält und fein gewürfelt, oder 4 Frühlingszwiebeln, in Ringe geschnitten

1–2 frische grüne Chilischoten, fein gewürfelt (teste zuerst die Schärfe – siehe Schritt 4)

1 TL Kreuzkümmelsamen

1 TL Koriandersamen

1 Apfel (oder anderes reifes Obst, siehe Einleitung oben)

Saft von 2 unbehandelten Limetten

1 TL Salz + 1 Prise für das Kochwasser der Kartoffeln

1 TL heller Muscovado-Zucker

1 große Handvoll frischer Koriander, grob gehackt

50 g Sev- oder Bombay-Mix

Indische Snacks, die du in manchen Asia-Läden und Supermärkten finden kannst.

1 Fülle die Kartoffeln in einen Topf, bedecke sie mit kaltem Wasser und gib 1 Prise Salz hinzu. Lege den Deckel auf, bringe das Wasser zum Kochen und koche die Kartoffeln, bis sie beim Hineinstechen einer Messerspitze weich sind.

2 Gieße die Kartoffeln in einen Durchschlag ab und stelle sie zum Abkühlen beiseite.

3 Vermische die Kichererbsen in einer großen Schüssel mit den Tomatenwürfeln, der Gurke, dem Ingwer und der Zwiebel oder den Frühlingszwiebeln.

4 Entscheide, wie viel Chili du in den Salat geben möchtest. Probiere dazu ein ganz kleines Stück von der Spitze einer Chilischote, um zu sehen, wie scharf sie ist. Schneide den Chili längs durch und kratze mit einem Teelöffel die Kerne heraus.

5 Zerkleinere die Gewürze grob in einem Mörser oder einer Gewürzmühle und gib sie zusammen mit den Chilis zum Salat.

6 Halbiere den Apfel, entferne das Kerngehäuse und schneide den Apfel (mit der Schale) klein. Mische ihn zusammen mit dem Limettensaft, dem Salz und dem Zucker unter den Salat.

7 Wenn die Kartoffeln kalt sind, schneide sie in Würfel und mische sie zusammen mit dem Koriander ganz vorsichtig unter den Salat (rühre nicht zu kräftig, sonst hast du am Ende einen Brei).

8 Bestreue den Salat erst kurz vor dem Servieren mit Sev- oder Bombay-Mix, damit die Snacks knusprig bleiben.

4

5

6

8

PEPPIG-PIKANTER BOHNENSALAT

Hülsenfrüchte wie Kichererbsen, Linsen und Bohnen sind super für die Lunchbox – sie halten dich stundenlang satt und liefern dir viel Energie. Dieser Salat gibt dir den richtigen Kick.

Du kannst statt der grünen Bohnen auch klein geschnittene Stangenbohnen verwenden – im Winter, wenn Bohnen keine Saison haben, auch tiefgekühlte Erbsen oder Bohnen.

FÜR 4 PORTIONEN

100 g grüne Bohnen

2 Schalotten, in feine Ringe geschnitten

1 Stück frischer Ingwer (ca. 4 cm lang), geschält und fein gewürfelt, + etwas mehr nach Geschmack

1–2 rote oder grüne Chilischoten, sehr fein gewürfelt

4 Tomaten, geviertelt

1 Handvoll Basilikum, Koriander oder andere frische Kräuter, grob gehackt

2 Dosen (je 400 g) gemischte Bohnen oder 500 g selbst gekochte Bohnen oder Kichererbsen, abgetropft (die Kochflüssigkeit kannst du für die Mayo von Seite 66 verwenden)

Schale und Saft von 1 unbehandelten Zitrone oder Limette

1 EL Rotweinessig + etwas mehr nach Geschmack

1 kleiner Schuss natives Olivenöl extra zum Abschmecken

Teste, wie scharf sie sind! (Siehe Schritt 4 auf Seite 88.)

1 Schneide die kleinen Stiele von den grünen Bohnen ab und gib die Bohnen in einen Topf.

2 Koche Wasser im Wasserkocher !!! und gieße so viel kochendes Wasser in den Topf, dass die Bohnen bedeckt sind. Lasse die Bohnen auf mittlerer Stufe etwa 10 Minuten kochen.

3 Gieße die Bohnen in ein Sieb ab und brause sie unter fließendem kaltem Wasser ab, damit sie nicht mehr weitergaren.

Vorsicht – am heißen Dampf kannst du dich verbrühen!

4 Wenn du alle Zutaten vorbereitet hast, fülle sie zusammen in eine Schüssel, schmecke sie mit Öl, Salz und Pfeffer ab und mische sie ganz vorsichtig durch (sonst brechen die Bohnen durch und sehen matschig aus).

5 Schmecke nochmals ab – der Salat sollte wirklich frisch und pikant schmecken. Wenn er etwas fade ist, kannst du mehr Ingwer, Chili, Zitronen-/Limettensaft oder Essig zugeben.

JOGHURT-GURKEN-DIP

Köstlich zu gebratenem Gemüse, Bohnenburgern und Kartoffelpuffern, als Klecks auf Suppen oder Dals und einfach perfekt als Ausgleich zu scharfen, würzigen Speisen.

Falls du keine Milchprodukte isst, probiere für diesen Dip Kokosjoghurt aus – das passt besonders gut zu Currys.

Gib die Kerne in eine Karaffe mit Wasser – so erhältst du einen erfrischenden Durstlöscher.

In manchen Ländern haben Gurken eine kaum essbare dicke, stachelige Schale – diese musst du abschälen.

FÜR 4 PORTIONEN

½ mittelgroße Salatgurke oder 2 kleine Snackgurken

200 ml griechischer Joghurt (für einen leichteren Dip nimm Vollmilchjoghurt)

1 Knoblauchzehe, geschält und durch eine Presse gedrückt

1 Prise Salz

1 EL gehackter frischer Koriander, Minze oder Dill

1 Schneide die Gurke bzw. die Gurken längs in der Mitte durch (halte sie dazu im Tunnelgriff – siehe Seite 12). Kratze die Kerne mit einem Teelöffel heraus.

2 Lege die Gurkenhälften auf ihre flache Seite und schneide sie in drei lange Streifen. Nun schneide diese Streifen quer in kleine Würfel.

3 Verrühre in einer kleinen Schüssel den Joghurt, die Gurkenwürfel und den Knoblauch. Gib 1 Prise Salz dazu und streue die Kräuter deiner Wahl darauf.

2

3

Von diesem Rezept gibt es unzählige Varianten: In Indien heißt es Raita, in Griechenland Zaziki – nenne es einfach so, wie es gerade zu deinem Gericht passt ... Raita, wenn du Curry oder Dal machst, Zaziki zu deinem getoasteten Pitabrot oder zu Kartoffelpuffern.

HAUPT-GERICHTE

SYRISCHE LINSEN MIT LANGSAM GESCHMORTEN ZWIEBELN

Linsen sind erstaunliche kleine Samen, die in einer Hülse wachsen. Sie stecken voll von den Proteinen, Nährstoffen und Ballaststoffen, die wir zum Leben brauchen – und die Pflanzen selbst halten den Boden gesund, in dem sie wachsen. Gut für uns, gut für die Natur!

Es lohnt sich, diese langsam geschmorten Zwiebeln auch solo zuzubereiten – sie passen gut zu gebratenem Gemüse, in Sandwiches, auf einer Pizza oder in Suppen und Dals.

Ziehe notfalls eine Taucherbrille an!

FÜR 4 PORTIONEN

3 Zwiebeln

4 EL natives Olivenöl extra

3 Knoblauchzehen, geschält und fein gehackt

½ TL gemahlener Kreuzkümmel

1 Prise Chiliflocken

250 g getrocknete braune oder grüne Linsen

1 kleiner Bund frischer Koriander, die Stängel fein gehackt, die Blätter ganz gelassen

Saft von ½–1 Zitrone

Salz und schwarzer Pfeffer

1 Schneide die Zwiebeln in feine Ringe.

2 Gib die Zwiebeln zusammen mit dem Öl in eine große, schwere Pfanne und brate sie auf niedriger Stufe an. Rühre sie dabei alle paar Minuten um, bis sie weich, süß und goldgelb sind. Das kann etwa 20 Minuten dauern – also Geduld! !!!

3 Wenn die Zwiebeln fertig sind, fülle etwa die Hälfte davon in eine kleine Schüssel zur späteren Verwendung. Stelle die Pfanne mit den übrigen Zwiebeln wieder auf den Herd und stelle auf eine höhere Stufe ein. Gib den Knoblauch, den Kreuzkümmel und die Chilis in die Pfanne. Rühre um, und sobald du den Knoblauch deutlich riechen kannst, füge die Linsen, die frischen Korianderstängel und 1 l Wasser hinzu.

4 Wenn die Linsen blubbernd kochen, stelle den Herd wieder auf eine niedrige Stufe, setze den Deckel auf die Pfanne und koche alles etwa 30 Minuten, bis die Linsen weich sind und beginnen zu zerfallen. Behalte sie im Auge – du musst sie alle 5 Minuten umrühren, und wenn sie das ganze Wasser aufgesaugt haben, solltest du noch 100 ml hinzufügen. Vorsicht mit dem heißen Dampf!

5 Wenn die Linsen richtig weich sind, schmecke alles mit Salz, Pfeffer und so viel Zitronensaft ab, dass die Linsen schön erfrischend schmecken. Rühre die Korianderblätter unter und garniere das Gericht mit den übrigen gebratenen Zwiebeln.

6 Serviere die Linsen mit Fladenbrot (siehe Seite 48), Pitabrot oder dem guten alten Toastbrot, vielleicht auch mit einem Klecks Joghurt oder dem Joghurt-Gurken-Dip (siehe Seite 91), wenn es besonders edel sein soll.

1

2

3

5

6

CURRY MIT SÜSS-KARTOFFELN, BROKKOLI UND ERDNUSSMUS

Köstlich mit dem Joghurt-Gurken-Dip (siehe Seite 91).

Dies ist ein mild gewürztes Curry, das du leicht abwandeln kannst, indem du das Gemüse verwendest, das gerade weg muss. Statt der Süßkartoffeln könntest du Karotten oder Kartoffeln benutzen, den Brokkoli durch Blumenkohl ersetzen (denke daran, die Stiele nicht wegzuwerfen, durch sie wird das Gericht schön knackig). Das Curry schmeckt auch am nächsten Tag super zum Mittagessen.

FÜR 4–6 PORTIONEN

2 EL Rapsöl oder anderes Pflanzenöl

1 Zwiebel, geschält und gewürfelt

2 Knoblauchzehen, geschält und durch eine Presse gedrückt

1 Stück Ingwer (ca. 5 cm lang), gewürfelt

1 Prise Chiliflocken (oder mehrere Prisen, falls du und deine Gäste es gern scharf mögen)

1 TL gemahlener Koriander

1 TL gemahlener Kreuzkümmel

½ TL gemahlener Zimt

½ TL Salz

2 Süßkartoffeln (ca. 500 g), geschält und in 5 cm große Stücke geschnitten

1 Dose (400 g) Kichererbsen, abgetropft

1 Dose (400 g) gehackte Tomaten

500 g Brokkoli

3 EL Erdnussmus

1 kleiner Bund frischer Koriander, die Stängel fein gehackt, die Blätter ganz gelassen

Schale und Saft von 1 unbehandelten Zitrone oder Limette

1 Erhitze das Öl auf mittlerer Stufe in einer großen Pfanne (einer Pfanne mit Deckel; diesen brauchst du später), dann gib die Zwiebeln hinein und schwitze sie an, bis sie weich und goldgelb sind. !!!

2 Füge den Knoblauch, den Ingwer, die Chiliflocken, die gemahlenen Gewürze und das Salz hinzu und rühre alles etwa 5 Minuten um, bis deine Küche duftet wie ein indisches Restaurant.

3 Gib die Süßkartoffeln und die Kichererbsen dazu, dann die Tomaten. Zum Abmessen von 400 ml Wassers fülle die leere Dose mit Leitungswasser und gieße das Wasser in die Pfanne.

4 Schalte die Herdplatte auf hohe Stufe und bringe alles zum Kochen. Dann schalte die Temperatur wieder herunter, sodass alles nur noch leise kocht (das nennt man köcheln). Lasse es 20 Minuten köcheln, bis die Süßkartoffeln weich sind (steche zur Probe mit einer Gabel hinein).

5 Inzwischen brich die Brokkoliröschen vom Stiel (sie sehen aus wie Mini-Bäumchen). Schäle die harte Schale vom Stiel und schneide das Innere in 1 cm dicke Scheiben.

6 Gib das Erdnussmus in eine kleine Schüssel und rühre es mit einer Kelle der Curry-Flüssigkeit glatt.

7 Wenn die Süßkartoffeln weich sind, rühre das Erdnussmus, die Brokkolistiele und die Korianderstängel unter. Lege die Brokkoliröschen auf das Curry und setze den Deckel auf die Pfanne. Dünste den Brokkoli 5–10 Minuten, bis er eben knackig-zart, aber noch leuchtend grün ist.

8 Vor dem Servieren bestreue das Curry mit der Zitronen- oder Limettenschale und den Korianderblättern und träufele den Zitronen- oder den Limettensaft darüber.

2

3

5

8

7

Serviere das Curry mit Fladenbrot (siehe Seite 48) oder gekochtem Reis.

DER ÄUSSERE RAHMEN: STILVOLL SPEISEN

Den Tisch zu decken kommt dir vielleicht überflüssig vor – warum können sich nicht einfach alle ihr Besteck schnappen und sich ein bequemes Plätzchen zum Essen suchen? Nun, weil der äußere Rahmen für eine entspannte Mahlzeit viel ausmacht: Alle sitzen rings um den Tisch und konzentrieren sich auf das, was du liebevoll gekocht hast, nicht auf die Fußballergebnisse oder die neuesten TikTok-Videos.

Für ein normales Abendessen genügt es, Schulsachen, Hundeleinen und ungeöffnete Post vom Tisch zu räumen, bevor du ihn mit Besteck, Tellern und Gläsern deckst.

Zu besonderen Anlässen, wenn du mehr als einen Gang gekocht hast, ist es toll, den Tisch schön zu decken wie in einem feinen Restaurant – das bekommen sogar viele Erwachsene nicht richtig hin! Die Grundregel ist, das Besteck, mit dem der erste Gang gegessen wird, am weitesten vom Teller entfernt hinzulegen.

Es macht nichts, wenn nicht alles perfekt zusammenpasst – ein Mix von Servietten oder verschiedenfarbigen Gläsern kann super aussehen. Ein passender Kräuterzweig, eine Wild- oder Gartenblume oder ein schöner Stein vom Strand an jedem Platz kann ebenfalls Stil auf den Tisch bringen.

Achte darauf, dass zwischen deiner Deko genug Platz für einen Krug mit Wasser und einige Servierschüsseln bleibt.

Servierschüsseln und -platten ersparen dir nicht nur eine Menge Stress in letzter Minute, wenn es ans Servieren geht, sie tragen auch dazu bei, dass weniger Lebensmittel weggeworfen werden. Alle nehmen sich nur so viel, wie sie essen möchten, und was übrig bleibt, kann am nächsten Tag aufgegessen werden.

Ein Wort zu Kerzen, die natürlich immer schön aussehen: !!!
Warte mit dem Anzünden stets, bis ein Erwachsener dabei ist, und puste sie IMMER aus, wenn ihr den Tisch verlasst.

Es kann Spaß machen, den Tisch passend zur Jahreszeit zu decken, aber du brauchst nicht extra Blumen und Deko zu kaufen, wenn es so viel dekoratives Obst und Gemüse gibt:

- Ein umgedrehter Bund Radieschen in einem Marmeladenglas sieht im Frühling wunderschön aus. Wasche die Radieschen gut, binde sie wieder zum Bund zusammen und stecke sie mit den Blättern nach unten in ein breites Glas, sodass die rosaroten Wurzeln stolz nach oben ragen. Deine Gäste können sogar die Radieschen von den Stielen abdrehen und mit Brot und Butter als einfache, aber originelle Vorspeise essen.

- Eine Schale voller reifer Tomaten bringt den Sommer auf den Tisch. Stelle ein Töpfchen Basilikum dazu, und schon ist ein Salat zum Selbermachen fertig.

- Verschiedene Kürbisse sind nicht nur für Halloween da – es gibt so viele tolle Formen und Farben, und sie halten sich viel länger als ein Blumenstrauß. Außerdem haben auch die Kürbisse den Vorteil, dass man sie später aufessen kann.

- Eine Reihe roter Äpfel in der Mitte des Tisches sieht festlich aus, vor allem, wenn du sie mit grünen Blättern wie Eukalyptus dekorierst. Nach Weihnachten kannst du den Eukalyptus in die Dusche hängen, und schon wird euer Badezimmer zum Heim-Spa!

Natürlich kannst du auch schicke Speisekarten schreiben oder Tischkärtchen basteln. Wie wäre es mit entspannender Musik im Hintergrund, vielleicht sogar mit einer extra angelegten Playlist? Du kannst 3 Minuten darauf verwenden, den Tisch zu decken, oder du kannst ein Wochenend-Projekt daraus machen – dies ist allein deine Entscheidung, und das ist das Schöne daran!

INDISCHES TOMATEN-KOKOS-DAL MIT GRÜNEM TOPPING

Rote Linsen sind eigentlich halbierte, geschälte braune Linsen. Du kannst alle möglichen halbierten Hülsenfrüchte kaufen, zum Beispiel halbe Erbsen, halbe Kichererbsen und auch halbe Bohnen, und du kannst daraus ein wunderbar cremiges indisches Gericht kochen, das Dal genannt wird.

Kokosmus wird als Block verkauft, eher wie Butter. Es ist konzentrierter als Kokosmilch und sehr nützlich, wenn ein Gericht schön nach Kokos schmecken soll. Du kannst einfach abraspeln, so viel du brauchst. Der Rest hält sich monatelang im Kühlschrank. Falls du kein Kokosmus bekommst, verwende die dicke Creme, die sich oben in einer Dose Kokosmilch absetzt, und benutze das Kokoswasser für einen Smoothie.

FÜR 4–6 PORTIONEN ALS HAUPTGERICHT ODER 8–10 PORTIONEN ALS BEILAGE

250 g getrocknete rote Linsen

3 EL Rapsöl oder Pflanzenöl

2 mittelgroße Zwiebeln, geschält und gewürfelt

2 Knoblauchzehen, geschält und durch eine Presse gedrückt

1 Stück Ingwer (3 cm lang), mit Schale sehr fein gehackt

2 TL Garam Masala (indische Gewürzmischung)

1 TL schwarze Senfsaat

1 Dose (400 g) gehackte Tomaten

50 g Kokosmus

Salz nach Geschmack

Saft von ½ Zitrone

1 EL gehackter Koriander oder Minze zum Servieren

FÜR DAS GRÜNE TOPPING (WENN DU MAGST)

100 g Spinat, Grünkohl, Rote-Bete-Blätter, Radieschenblätter, Bärlauch oder sogar Brennnesselblätter (siehe Seite 132), gewaschen

2 EL kalt gepresstes Rapsöl

1 EL ganzer Kreuzkümmel

1 große Prise Chiliflocken (wenn du es etwas scharf magst)

1 Fülle die Linsen in eine Schüssel und gib 600 ml Wasser dazu. Lasse die Linsen einweichen, während du die Zwiebeln, den Knoblauch und den Ingwer vorbereitest.

2 Erhitze das Öl in einem großen Topf auf mittlerer Stufe, gib die Zwiebeln hinein und schwitze sie an, bis sie weich werden. !!!

3 Füge den Knoblauch, den Ingwer, das Garam Masala und die Senfsaat hinzu und brate alles unter Rühren mit, bis der Duft der Gewürze aufsteigt.

4 Nimm den Topf von der Herdplatte und schütte vorsichtig die Tomaten aus der Dose und die eingeweichten Linsen mit dem Einweichwasser hinein.

5 Stelle den Topf zurück auf die Herdplatte und lasse alles etwa 30 Minuten leicht köcheln, bis die Linsen schön weich sind. Wenn dein Dal noch weicher und cremiger sein soll, kannst du noch 225 ml Wasser hinzufügen und es länger kochen.

1

4

6

7

9

Lecker mit Fladenbrot (siehe Seite 48) oder gekochtem Reis.

6 Gib das Kokosmus in den Topf und rühre um. Für ein schön ausgewogenes Aroma schmecke das Dal mit Salz und Zitronensaft ab.

7 Für das Topping (das kein Muss ist, aber oh, es ist so gut, das solltest du nicht weglassen!): Hacke oder zupfe die grünen Blätter in Stücke (falls du Brennnesseln verwendest, ziehe dazu Gummihandschuhe an und lies Seite 132). Trockne die gewaschenen Blätter nicht ab – wir brauchen die Feuchtigkeit.

8 Erhitze das Öl in einem großen Topf und brate den Kreuzkümmel und die Chiliflocken (falls verwendet) darin 1 Minute an. Dann rühre die grünen Blätter unter, lege den Deckel auf und warte 2–3 Minuten, bis es kocht. Dann schalte die Herdplatte aus. Vorsicht mit dem heißen Dampf, wenn du den Deckel abnimmst! !!!

9 Zum Servieren gib die weich gewordenen würzigen grünen Blätter und deine gehackten Kräuter als Topping auf das Dal.

TOMATENSAUCE

Dies gehört zu den nützlichsten Gerichten, die du jemals kochen lernen wirst. Perfekt für Nudeln, Pizza, zu Bohnenburgern, Kartoffelpuffern oder gebratenem Gemüse. Wer braucht ein Glas voller seltsamer Zutaten mit unaussprechlichen Namen, wenn man einfach diese Sauce kochen kann?

Dieses Rezept ergibt eine große Menge. Du kannst die Sauce bis zu 5 Tage im Kühlschrank aufbewahren oder einfach einfrieren.

FÜR 6–8 PORTIONEN

1 Zwiebel

2 EL Olivenöl

2 Knoblauchzehen

2 Dosen (je 400 g) gehackte Eiertomaten

1 Prise Salz und 1 gute Prise frisch gemahlener schwarzer Pfeffer

1 TL Zucker (mehr oder weniger ganz nach deinem Geschmack)

Köcheln bedeutet, dass es kaum blubbert.

1 Schneide die Zwiebel in kleine Würfel.

2 Erhitze das Öl in einem großen !!! Topf auf kleiner Stufe, dann gib die Zwiebeln hinein. Schwitze sie langsam an und rühre sie dabei ab und zu um, bis sie schön weich, aber noch nicht braun sind. Das dauert mindestens 10 Minuten.

3 Inzwischen schäle den Knoblauch und hacke ihn ganz fein. Gib ihn zu den Zwiebeln und rühre um, bis du ihn gut riechen kannst.

4 Schütte die Tomaten dazu und füge 1 Prise Salz, frisch gemahlenen Pfeffer und den Zucker hinzu.

5 Nun lasse die Sauce auf ganz kleiner Stufe etwa 30 Minuten köcheln. Rühre sie ab und zu um, damit sie nicht am Topfboden ansetzt und anbrennt.

6 Schmecke ab und gib nach Wunsch noch etwas Salz, Pfeffer oder Zucker dazu, immer nur ganz wenig auf einmal, bis deine Sauce perfekt ist.

Für Pizza püriere die Sauce im Mixer ganz fein.

Zum Servieren mit gebratenem Gemüse würze die Sauce mit 1 guten Prise gemahlenem Kreuzkümmel, Koriander und Chili.

Rühre ein paar EL der Sauce unter 1 Dose Bohnen oder Kichererbsen.

Für eine Nudelsauce gib noch gehackte Basilikumstängel hinzu und verwende die Blätter zum Garnieren.

Für eine andere Nudelsauce gib Spinat oder andere gehackte grüne Blätter oder sogar Erbsen in die Sauce.

Noch eine andere Nudelsauce erhältst du mit gehackten grünen oder schwarzen Oliven, abgetropften Kapern und Chiliflocken.

1

2

4

6

PIZZA

Pizza backen macht zusammen mit Freunden richtig Spaß: So kann jeder seinen Lieblingsbelag aussuchen. Den Teig musst du mindestens 1 Stunde vor dem Backen der Pizza zubereiten (du kannst ihn auch schon viel früher machen und im Kühlschrank aufbewahren).

Profis schieben die Pizza direkt auf den Boden des Backofens oder auf einen Pizzastein. Wir benutzen ein Backblech, das ist einfacher. Auf einem stabilen Backblech gebacken wird der Boden auch schön knusprig.

FÜR 4 MITTELGROSSE PIZZEN

FÜR DEN TEIG

500 g Weizenmehl Type 550 + etwas zum Bemehlen

1 TL Trockenhefe

1 TL Salz

etwas Pflanzenöl zum Einölen der Schüssel

FÜR PIZZA MARGHERITA

4 kleine Kellen der Tomatensauce von Seite 102

200 g Mozzarella

EXTRAS NACH WAHL

Basilikumblätter

schwarze Oliven

gekochte Artischockenherzen

oder andere Lieblingszutaten: frische Chilis, Sardellen, Salami, Schinken ... du bist der Capo.

Das bedeutet auf Italienisch »Chef«.

1 Für den Teig gib das Mehl, die Hefe, das Salz und 300 ml handwarmes Wasser in eine große Schüssel und vermische alles mit einem Löffel, bis der Teig sich zu einer Kugel formt.

2 Lege den Teig auf eine leicht bemehlte Arbeitsplatte und knete, ziehe und falte ihn ungefähr 10 Minuten, bis er sich ganz elastisch und glatt anfühlt. Er ist jetzt noch etwas klebrig, aber das macht nichts. Widerstehe der Versuchung, noch viel Mehl hinzuzufügen.

3 Lege den Teig in eine eingeölte Schüssel und bedecke diese mit einem feuchten Geschirrtuch oder einem Teller. Lasse den Teig stehen, bis er fast doppelt so groß geworden ist (an einem warmen Platz etwa 1 Stunde).

4 Heize den Backofen auf die höchste Stufe vor – mindestens auf 220 °C Ober-/Unterhitze (Gas Stufe 7).

5 Teile den Teig in vier Teile und dehne jedes auf die Größe einer großen Untertasse aus. Lasse die Teile 1–2 Minuten ruhen.

6 Nun rolle jedes Teigstück möglichst dünn aus und lege es auf ein bemehltes Backblech. Gib eine kleine Kelle Tomatensauce darauf und verteile sie mit dem Rücken der Kelle bis fast an den Rand.

7 Verteile Mozzarellascheiben oder -würfel darauf, dann alle weiteren Zutaten, mit denen du die Pizza belegen willst (frische Kräuter und Salat streust du besser erst nach dem Backen auf die Pizza).

8 Backe die Pizza 6–12 Minuten im heißen Ofen (die Dauer hängt von der Temperatur des Ofens ab), bis die Ränder knusprig sind und der Teig durchgebacken ist. !!!

9 Nimm die Pizza aus dem Ofen und lasse sie auf eine Servierplatte gleiten. Hau rein!

Das Backblech ist gefährlich heiß – ziehe Ofenhandschuhe an!

1

2

3

6

5

7

ORDNUNG IM KÜHLSCHRANK

Mit dem Fahrrad zur Schule fahren oder zu Fuß gehen, mehr Bäume pflanzen, Plastik vermeiden ... ja, das erkennen wir alle als Möglichkeiten, die Umwelt zu schonen – aber Ordnung im Kühlschrank zu halten?

Es sieht so aus, als würden viele von uns den Kühlschrank nur als Vorstufe zum Kompost oder Abfalleimer verwenden. Ganz ehrlich, es werden jedes Jahr Millionen Tonnen gekühlter Lebensmittel weggeworfen. In unserem hektischen Alltag passiert es so leicht, dass gute Lebensmittel irgendwo in den Tiefen des Kühlschranks verschwinden und wir sie völlig vergessen – bis sie mehr wie ein gruseliges wissenschaftliches Experiment aussehen als wie unser nächstes Abendessen.

MANCHE LEBENSMITTEL GEHÖREN NICHT IN DEN KÜHLSCHRANK

Tomaten schmecken viel besser, wenn du sie bei Zimmertemperatur weiter reifen lässt. Wenn sie dann etwas zu weich für Salate werden – hurra! Dann hast du die perfekten Tomaten für die kalte spanische Gazpacho-Suppe (siehe Seite 70) oder für Tomatenbrot, Pan con Tomate (siehe Seite 45).

Brot wird im Kühlschrank leicht schimmelig. Bewahre es lieber in einem Stoffbeutel auf, wo es trocknet und damit perfekt ist für Bruschetta (siehe Seite 44) oder Schnelle Croûtons (siehe Seite 80).

Vergiss nicht, dass der Rest deiner Familie auf deiner Seite sein sollte – also frage erst um Erlaubnis.

WERDE KÜHLSCHRANK-WÄCHTER ODER -WÄCHTERIN!

Wie wäre das?

- Halte ein Fach frei für »letzte Chance« und für Reste, damit nichts vergessen wird, das bald gegessen werden muss.
- Führe einen Minestrone-Montag ein: eine Chance, alles Gemüse, das wegmuss, zu verbrauchen, indem es einfach in einen großen Topf italienischer Suppe wandert. Auf Seite 76 findest du ein Rezept, und du kannst die Zutaten einfach austauschen und das verwenden, was du dahast.
- Bereite ein Kühlschrank-Reste-Abendessen zu, bei dem du versuchst, möglichst viele Reste und kleine Mengen zu verbrauchen. Curry, Knack-Salat, Omelett oder Buchweizen-Crêpes mit verschiedenen Füllungen ... in diesem Buch findest du jede Menge Rezepte.

BENUTZE AUCH DEN GEFRIERSCHRANK

- Wenn die Obstschale randvoll ist, ihr einen Pflaumenbaum voller Früchte habt oder ihr vielleicht ein paar Tage wegfahrt, kannst du Obst in kleinen Portionen einfrieren und später wunderbar kalte Smoothies daraus machen.
- Wenn du für ein Rezept Zitronensaft brauchst, kannst du die Schale abreiben und in einem Glas aufbewahren. Mit Zitronen-, Limetten- oder Orangenschale kannst du Plätzchen und Knuspermüsli aromatisieren oder Suppen und Saucen würzen, und du bewahrst sie vor der Mülltonne.
- Du kannst Suppen, Currys und Eintöpfe portionsweise einfrieren – und schon hast du ein fertiges Essen zum Mitnehmen. Denke nur daran, die Dosen zu beschriften, sonst werden sie zu Ufos (Unidentified Frozen Objects – Unbekannte Gefrorene Objekte) in eurem Gefrierschrank.

PUTZE UNS UND FRIERE UNS EIN!
KOCHE MICH, BEVOR ES ZU SPÄT IST!
VERGISS UNS NICHT!

PESTO

Okay, traditionelles Pesto wird mit Basilikum gemacht, aber es hindert dich nichts daran, Bärlauch oder Brennnesseln zu verwenden, die du wild gesammelt hast, oder auch das Karottengrün, das sonst auf dem Kompost landen würde. Probiere einfach verschiedene Mischungen aus und schreibe dein Rezept auf – vielleicht möchtest du diese geniale Kombi noch einmal wiederholen.

Zupfe die Blätter von den Stielen und hacke die Stiele ganz klein. Sonst wird dein Pesto nicht richtig fein, selbst wenn du es im Mixer pürierst.

FÜR 1 GLAS (300 ML)

100 g gemischte Blätter und Stiele

2 EL Nusskerne oder Saaten

1 Knoblauchzehe

20 g Parmesan, Pecorino, reifer Cheddar oder anderer gereifter Hartkäse, gerieben, oder 1 EL Hefeflocken

50 ml natives Olivenöl extra

Salz (nach Bedarf) und schwarzer Pfeffer zum Abschmecken

1. Jetzt liegt es an dir:

   Du kannst alle deine Zutaten (aber nicht deine Finger) ganz fein hacken und sie dann in einer Schüssel mit Öl vermischen.

   Oder du zerstößt die Zutaten in einem Mörser zu einer Paste und gibst dann das Öl dazu.

   Oder – die schnellste Variante – du gibst alle grob gehackten Zutaten in einen Mixer und pürierst sie auf Knopfdruck.

2. Nun schmecke ab und würze dein Pesto. Käse ist ziemlich salzig, daher brauchst du vielleicht kein zusätzliches Salz, aber etwas schwarzer Pfeffer wäre wahrscheinlich gut.

3. Du kannst das Pesto sofort verwenden oder mit etwas Olivenöl bedeckt in einem verschlossenen Glas bis zu 5 Tage im Kühlschrank aufbewahren.

Verbrauche, was du gerade dahast

NÜSSE UND SAATEN

Pinienkerne
Walnusskerne
Haselnusskerne
Mandelkerne
Pistazienkerne
Sonnenblumenkerne
Kürbiskerne

KRÄUTER

Basilikum – du kannst auch die jungen, zarten Stiele verwenden

Karottengrün – verwende nur die gefiederten Blätter, nicht die Hauptstängel

Rote-Bete-Blätter

glatte Petersilie – Blätter und fein gehackte Stiele

Minze – nur ein paar Blättchen, sonst schmeckt dein Pesto wie Zahnpasta!

die zarten Blättchen von Fenchelknollen und Staudensellerie, die meist weggeworfen werden

Rucola oder Kapuzinerkresse – beide sind leicht scharf, also verwende davon vielleicht nur wenig

Du kannst Pesto zu Nudeln, auf Bruschetta oder zu gebratenem oder gedünstetem Gemüse essen.

1

3

SPAGHETTI MIT ZOODLES

Zoodles – Streifen aus Zucchini, die aussehen wie Spaghetti – zu schneiden erscheint dir vielleicht zu mühsam – bis du sie probiert hast. Selbst wenn du normalerweise kein Fan von diesen Mini-Kürbissen bist, wirst du wahrscheinlich durch dieses Rezept bekehrt.

Du hast keinen Spiralschneider? Versuche, mit einem Sparschäler dünne Streifen zu schneiden. Schneide dazu einfach den Stielansatz und das Ende der Zucchini ab und schäle längs von einem Ende zum anderen Streifen ab. In Haushaltswarengeschäften oder online kannst du auch preiswerte Spiralschneider kaufen. Es muss kein teures Elektrogerät sein, aber es sollte einen Fingerschutz haben, sonst schneidest du deine Finger auch klein.

FÜR 4 PORTIONEN

4 mittelgroße Zucchini

2 Knoblauchzehen

3 EL natives Olivenöl extra

6 sonnengetrocknete Tomaten

1 großer Stängel frische glatte Petersilie

2 EL abgetropfte Kapern oder entsteinte gehackte grüne Oliven

300 g Spaghetti

50 g geriebener Parmesan

Für einen asiatischen Nudelsalat kannst du rohe Zoodles mit gekochten Nudeln, Erdnusskernen, Minzblättern und einer Dipsauce vermischen.

1 Schneide den Stielansatz der Zucchini ab (und halbiere sie, wenn sie sehr lang sind), dann drehe sie durch den Spiralschneider. Simsalabim – ruckzuck hast du deine Zucchini in »Nudeln« verwandelt!

2 Halbiere die Knoblauchzehen längs und ziehe die Schale ab.

3 Erhitze den Knoblauch mit dem Öl 2–3 Minuten in einer großen Pfanne, bis es duftet und der Knoblauch goldgelb wird. Schalte die Herdplatte aus, fische den Knoblauch vorsichtig aus der Pfanne und lege ihn auf ein Schneidbrett. !!!

4 Hacke den Knoblauch zusammen mit den getrockneten Tomaten und der Petersilie klein, bis du eine grobe Paste erhältst.

5 Nun erhitze die Pfanne erneut auf mittlerer Stufe und gib die Zucchini-Spaghetti hinein. Wende sie mithilfe einer Zange vorsichtig in dem heißen Öl.

6 Wenn die Zucchini nach ein paar Minuten schön glänzend aussehen, kannst du die Tomatenmischung und die Kapern oder Oliven hinzufügen und alles gut umrühren. Schalte die Herdplatte aus – die Sauce ist fertig.

7 Stelle deine Sauce beiseite, während du die Spaghetti kochst. Befolge die Anweisungen und Zeitangaben auf der Packung und sei ganz vorsichtig, wenn du das kochende Wasser abgießt. !!!

8 Mische die Zoodles unter deine Spaghetti und bestreue alles mit geriebenem Parmesan.

1

3

4

5

EINKAUFEN: REGIONAL – NATÜRLICH – FAIR

KLIMAFREUNDLICHER ESSEN

Wenn wir vor Ort einkaufen, gehen wir eher zu Fuß oder fahren mit dem Rad und reduzieren so Luftverschmutzung und Verkehr. Ohne Auto, in dem wir den Großeinkauf verstauen können, kaufen wir sicher weniger – und werfen wahrscheinlich auch weniger weg. Wenn wir möglichst oft bei Gemüsehändlern, in Hofläden und auf dem Markt einkaufen, können wir genau erfahren, woher unser Essen kommt. Wir können bei kleineren regionalen Produzenten einkaufen, die im Einklang mit der Natur arbeiten.

GUTES ESSEN KOSTET MEHR

ABER

- Wir können restlos alles davon verwenden und es vermeiden, etwas wegzuwerfen.
- Wir können Produkte kaufen, wenn sie Saison haben und daher billiger sind.
- Von teuren Produkten wie Fleisch, Fisch und Milchprodukten können wir weniger essen.

Wir möchten, dass unsere Bauern uns Lebensmittel verkaufen, die wir genießen können, ohne Angst zu haben, dass sie unerwünschte Chemikalien enthalten. Die Bauern sollen auch dafür sorgen, dass die Böden und alles, das darin lebt, gesund bleiben, denn ...
Ohne gesunde Böden gäbe es kein Leben auf der Erde!

DIE KEHRSEITE VON INDUSTRIELLER LANDWIRTSCHAFT UND BILLIGEM ESSEN

Wenn Landwirte Lebensmittel für große Supermarktketten, Discounter und Fast-Food-Läden anbauen, werden sie oft unter Druck gesetzt, die Waren möglichst billig und »effizient« herzustellen. Diese billige Massenware kommt unsere Erde jedoch teuer zu stehen (und dass sie mit Chemie belastet ist, finden wir auch nicht gerade gut).

Durch Kunstdünger wachsen Pflanzen vielleicht schneller und werden größer, aber die Chemie landet auch in unserem Grundwasser und verschmutzt unsere Flüsse und Meere.

Riesige Felder sind effizient, aber auf großen freien Flächen ohne Bäume oder Bodendecker wird die fruchtbare obere Bodenschicht weggespült oder weggeweht – übrig bleibt kilometerweise toter Boden.

Pestizide, die alle Arten »lästiger« Insekten (und leider auch die weniger lästigen Bestäuber) töten und Unkraut vernichten, sickern ebenfalls in den Boden und zerstören das Leben unter der Oberfläche.

Mit einer wöchentlichen Gemüsekiste vom Bauernhof kann man super saisonal essen.

RETTET DEN BODEN!

Über 95 Prozent unserer Nahrung ist vom Boden abhängig. Wie alles natürliche Leben auf der Erde stellt ein gesunder Boden ein Ökosystem dar, das im Gleichgewicht ist und in dem alles Lebendige die anderen zum Überleben braucht. In einem TL gesundem Boden leben mehr Organismen, als es Menschen auf der Erde gibt!

Boden besteht aus Gestein, Wasser, Luft und sich zersetzenden pflanzlichen und tierischen Stoffen.

ALLES IN EINER FORM: NUDELAUFLAUF MIT BOHNEN

Wenn du kein Fan von Abwasch bist (wer ist das schon?), ist dies dein Rezept. Es ist ein leckeres Sommergericht, das alles aus Basilikum- und Tomatenstielen herausholt, die normalerweise weggeworfen werden. Falls du zu Hause ein paar Tomaten angepflanzt hast, ist jetzt der große Moment gekommen, sie zu verwenden.

Diese Nudeln sehen aus wie kleine Reiskörner und saugen all die leckere Flüssigkeit auf.

FÜR 4 PORTIONEN

300 g Reisnudeln

1 Dose (400 g) Cannellini-, Flageolet-Bohnen oder andere weiße Bohnen, abgetropft (alternativ 250 g getrocknete Bohnen selbst kochen)

600 ml Gemüsebrühe

1 Prise Salz (nach Bedarf)

4 Stängel frisches Basilikum

500 g Kirschtomaten am Zweig

4 Frühlingszwiebeln, fein gehackt

1 Rezept schnelle Croûtons (siehe Seite 80)

1. Heize den Backofen auf 190 °C (Gas Stufe 5) vor.
2. Fülle die Nudeln, die Bohnen und die Gemüsebrühe in eine feuerfeste Auflaufform und würze mit 1 Prise Salz (außer wenn die Brühe schon sehr salzig ist). Vermische alles vorsichtig.
3. Zupfe die Basilikumblätter von den Stielen und lege sie beiseite. Schneide die Stiele ganz klein und vermische sie mit den Nudeln und Bohnen.
4. Pflücke die Kirschtomaten von den Zweigen und schiebe diese grünen Zweige unten in die Gemüsebrühe. Schneide die Tomaten in der Mitte durch.
5. Verteile die Tomaten (mit der Schnittfläche nach oben) und die Frühlingszwiebeln auf den Zutaten in der Form.
6. Backe den Auflauf etwa 30 Minuten im Backofen, bis die Nudeln die meiste Gemüsebrühe aufgesaugt haben. !!!
7. In der Zwischenzeit bereite deine superschnellen knusprigen Croûtons zu (siehe Seite 80).
8. Bestreue den fertigen Auflauf mit den Basilikumblättern und den Croûtons und serviere ihn heiß. Die Tomatenstiele werden natürlich nicht mitgegessen, sondern bleiben in der Auflaufform.

2

4

5

BUTTERNUT-BOHNEN-BRATLINGE

Viele Veggie-Bratlinge, die du fertig kaufen kannst, stecken voller seltsamer verarbeiteter Zutaten, von denen du noch nie gehört hast. Diese Version ist ganz natürlich und schmeckt außerdem genial.

Serviere sie mit etwas Frischem wie dem Knack-Salat (siehe Seite 82) und einer Sauce deiner Wahl, zum Beispiel Mayo, Tomatensauce oder Zaziki.

Du kannst statt Kürbis auch anderes Gemüse ausprobieren: Karotten, Rote Bete, Knollensellerie und Zucchini sind alle super.

FÜR 10 PORTIONEN

2 EL Olivenöl + mehr zum Einfetten

1 Zwiebel, geschält und gewürfelt

2 Knoblauchzehen, geschält und durch eine Presse gedrückt

1 Dose (400 g) Cannellini- oder Borlotti-Bohnen oder schwarze Bohnen, abgetropft (alternativ 250 g getrocknete Bohnen selbst kochen)

350 g Butternut-Kürbis, in 3–4 große Stücke geschnitten

1 EL Dijonsenf

½ TL gemahlener Kreuzkümmel

die Blättchen von 3 Zweigen Thymian

12 Minzblätter, gehackt

3 EL gehackte Walnusskerne (alternativ andere Nusskerne)

75 g gereifter Cheddar oder Parmesan, fein gerieben, oder zerbröselter Feta

Schale und Saft von 1 unbehandelten Zitrone

75 g Haferflocken oder frische Brotkrümel

1 TL Salz und reichlich frisch gemahlener schwarzer Pfeffer

Beim Durchschneiden des ganzen Kürbisses brauchst du wahrscheinlich Hilfe – das ist fast wie Holzhacken!

1 Heize den Backofen auf 190 °C (Gas Stufe 5) vor. Fette ein Backblech mit etwas Öl ein.

2 Erhitze das Öl auf mittlerer Stufe in einer Bratpfanne, gib die Zwiebeln hinein und schwitze sie etwa 5 Minuten an. Füge den Knoblauch hinzu und brate ihn unter Rühren mit, bis er duftet, dann schalte die Herdplatte aus und lasse alles abkühlen. !!!

3 Fülle die abgetropften Bohnen in eine große Schüssel und zerdrücke die meisten von ihnen mit einer Gabel. Lasse ein paar Bohnen ganz.

4 Reibe den Kürbis mit den gröbsten Löchern einer Kastenreibe (lasse die Schale zum Festhalten dran). Pass auf deine Finger auf und lasse die letzten Stücke mit der Schale übrig (du kannst sie später noch braten).

5 Gib die gebratenen Zwiebeln und den Knoblauch, den geriebenen Kürbis und alle anderen Zutaten in die Bohnenschüssel. Rühre alles gründlich um – niemand möchte einen ganzen Mundvoll Senf essen.

6 Forme einen großen Löffel dieser Masse mit den Händen zu einer Kugel. Es sollen zehn Bratlinge entstehen. Lege alle Kugeln auf das Blech und drücke sie vorsichtig platt.

7 Backe die Bratlinge 30 Minuten im Ofen, bis sie schön braun werden. !!!

8 Drehe die Bratlinge zum Servieren um, da die Unterseite schön knusprig geworden sein müsste.

2

3

4

5

6

QUESADILLAS MIT SCHWARZEN BOHNEN

Leckere mexikanische Teigtaschen mit Käse und Bohnen.

FÜR 2 PORTIONEN ALS HAUPTGERICHT ODER 4 PORTIONEN ALS VORSPEISE

100 g Cheddar oder anderer Hartkäse, grob gerieben

3 Frühlingszwiebeln, in Ringe geschnitten

1 kleine Handvoll frischer Koriander

2 Dosen (je 400 g) schwarze Bohnen (alternativ 500 g getrocknete Bohnen selbst kochen)

2 EL Tomatenmark

1 große Prise süßes geräuchertes Paprikapulver

4–5 eingelegte Jalapeño-Chilischoten aus dem Glas, in Ringe geschnitten (wenn du magst)

Salz und schwarzer Pfeffer

4 Weizentortillas (ca. 25 cm Durchmesser)

1 Limette, in 4 Spalten geschnitten, zum Servieren

200 g saure Sahne zum Servieren

Darf es scharf sein? Für alle Chili-Fans kannst du die Chilischoten auch einfach extra servieren.

1. Gib den geriebenen Käse in eine große Schüssel.
2. Füge die Frühlingszwiebelringe hinzu, dann zupfe die Korianderblätter von den Stielen und gib sie ebenfalls dazu (wirf die Stiele nicht weg; du kannst sie ganz klein schneiden und ebenfalls hinzufügen – sie haben viel Geschmack).
3. Schütte die Bohnen zum Abtropfen in ein Sieb, spüle sie unter kaltem Wasser ab und gib sie zum Käse in die Schüssel. Füge das Tomatenmark, das Paprikapulver, die Chilis (falls verwendet), 1 Prise Salz und etwas frisch gemahlenen schwarzen Pfeffer hinzu. Rühre zum Vermischen alles gründlich durch.
4. Verteile die Mischung auf die Tortillas und falte diese in der Mitte, sodass Halbmonde entstehen.
5. Drücke fest auf die Tortillas, damit sie flacher werden.
6. Erhitze eine Bratpfanne mit !!! schwerem Boden auf mittlerer Stufe (ohne Öl). Brate die Quesadillas darin einzeln auf jeder Seite 3 Minuten. Wende sie vorsichtig mit einem Pfannenwender.
7. Serviere die Quesadillas warm mit einer Limettenspalte und einem Klecks saurer Sahne.

1

Schmeckt auch genial mit der mexikanischen Salsa von Seite 43!

3

4

5

6

Haut rein,
Amigos!

BUNTE QUICHE MIT KAROTTEN UND SCHALOTTEN

Auch wenn wir an orangefarbene Karotten gewöhnt sind, gibt es sie in so vielen Farben – von weiß bis hin zu violett. Das ist die Gelegenheit, ordentlich Farbe auf deinen Teller zu bringen, und kleine bunte Karotten sehen einfach toll aus. Wenn dir dieses Rezept gelungen ist, kannst du es auch mit anderem Gemüse der Saison ausprobieren, zum Beispiel Pastinaken, Rote Bete oder Blumenkohl.

FÜR 6 PORTIONEN

500 g Karotten, gut gewaschen oder geschält

300 g Schalotten, halbiert, Schale und Wurzelansatz entfernt

3 EL Olivenöl

die Blättchen von 1 kleinen Thymianzweig (alternativ ½ TL getrockneter Thymian)

1 TL fein gehackter frischer Rosmarin (alternativ ½ TL getrockneter Rosmarin)

Salz und schwarzer Pfeffer

2 EL Mehl zum Bestäuben

300 g tiefgekühlter Blätterteig, aufgetaut (lege den Teig zum Auftauen für ein paar Stunden oder über Nacht in den Kühlschrank)

1 Ei (Größe L)

250 g Ricotta

100 g Feta oder irgendein Käserest, zerkrümelt

Falls du geriebenen Parmesan verwendest, genügen 50 g.

1 Heize den Backofen auf 220 °C Ober-/Unterhitze (Gas Stufe 7) vor.

2 Wenn die Karotten groß sind, halbiere oder viertele sie längs, bis sie etwa so dick sind wie dein Daumen. Vermische die Karotten und die Schalotten in einer großen Auflaufform mit dem Öl, den Kräutern und jeweils 1 Prise Salz und Pfeffer.

3 Backe das Gemüse 20–30 Minuten auf der unteren Schiebeleiste des Backofens, bis es weich ist. !!!

4 Inzwischen bestäube die Arbeitsplatte mit Mehl und rolle den Teig zu einem etwa 25 × 35 cm großen Rechteck aus. Lege den Teig auf ein Backblech und markiere mit einem Messer vorsichtig ringsum einen 3–4 cm breiten Rand (ritze nur die Oberfläche an, ohne den Teig durchzuschneiden). Stich mit einer Gabel innerhalb des Rands gleichmäßig verteilt kleine Löcher in den Teig.

5 Backe den Teig auf der oberen Schiebeleiste des Ofens in etwa 15 Minuten hellbraun. !!!

6 Stelle den vorgebackenen Teig für ein paar Minuten zum Abkühlen beiseite, während du darauf wartest, dass das Gemüse fertig gebacken ist. Falls der Teig sich in der Mitte aufgebläht hat, drücke ihn einfach mit einem Pfannenwender wieder glatt.

7 Vermische das Ei, den Ricotta und den Feta (oder anderen Käse) und würze mit schwarzem Pfeffer.

8 Streue die Ricottamischung auf den Teig und verteile vorsichtig (heiß!) die gebackenen Schalotten und zum Schluss die Karotten darauf.

9 Backe die Quiche nochmals 15 Minuten, bis der Teig schön braun ist. Du kannst die Quiche warm oder kalt essen. !!!

Stelle dir eine Eieruhr, damit der Teig nicht verbrennt!

2

4

6

7

8

Einweg-Plastiktüten sind für die Umwelt eine Katastrophe, also verlasse das Haus niemals ohne deine

ÖKO-EINKAUFSTASCHE

Es dauert Hunderte von Jahren, bis sich Plastik zersetzt. In dieser Zeit gibt es giftige Chemikalien an den Boden ab, oder ganze Plastiktüten landen im Meer. Eine Plastiktüte, die auf der Wasseroberfläche schwimmt, kann für eine Meeresschildkröte aussehen wie eine leckere Qualle oder für Seehunde und Wasservögel wie eine schmackhafte Mahlzeit, kann für sie aber lebensgefährlich werden.

Einen Stapel neuer Baumwoll-Einkaufstaschen zu kaufen ist aber auch keine umweltfreundliche Lösung, weil für die Herstellung von Baumwolle und anderen Stoffen viel Energie und Wasser benötigt werden. Dies ist die perfekte Gelegenheit für ein Upcycling-Projekt. Mit einem alten, nicht mehr benutzten Kissenbezug wird das Ganze zum Kinderspiel.

Falls du mit der Nähmaschine umgehen kannst, könntest du auch das obere Drittel des Kissenbezugs abschneiden und daraus die Griffe nähen. (Bitte einen Erwachsenen um Hilfe beim ersten, den zweiten hast du dann bestimmt allein im Griff). An der Oberkante der Tasche musst du außerdem einen Saum nähen.

DU BRAUCHST

1 nicht mehr verwendeten Kissenbezug (aus dem Schrank oder dem Secondhandladen)

1,5 m festes Baumwollband, in 2 gleich lange Stücke geschnitten

Nadel und Faden

1 Stück Gummiband

1. Falte den Rand des Kissenbezugs an der offenen Seite nach innen um, sodass du eine quadratische Tasche erhältst.
2. Bügele die Oberkante der Tasche, damit eine ganz gerade Kante entsteht. !!!
3. Falte die Enden der Baumwollbänder um, damit die offenen Kanten verborgen werden und nicht ausfransen. Stecke jedes Ende beider Bänder 5 cm unterhalb der Oberkante der Tasche an der Innenseite fest, wo du die Henkel gern hättest (zwischen den Enden sollten etwa 25 cm Abstand liegen).
4. Nähe die Henkel an. Befolge dabei die Anleitung im Extratipp auf Seite 27, damit deine Tasche wirklich stabil wird.

JAPANISCHE GYOZA-TEIGTASCHEN

Du brauchst ein bisschen Geschick und Zeit, um diese auch als »Potstickers« bekannten Teigtaschen zu füllen und zu falten. Die perfekte Gelegenheit für einen Kochwettbewerb mit Freunden oder der Familie.

FÜR ETWA 16 PORTIONEN

FÜR DIE FÜLLUNG

1 TL Sesamöl

1 TL Rapsöl oder anderes Pflanzenöl

150 g Weißkohl oder Chinakohl, in sehr feine Streifen geschnitten

100 g Shiitake-Pilze, fein gehackt

150 g Edamame-Bohnenkerne, grob gehackt (tiefgekühlte Edamamekerne sind ideal)

1 EL geriebener oder ganz fein gehackter frischer Ingwer

1 Knoblauchzehe, geschält und gerieben oder fein gehackt

4 Frühlingszwiebeln, in feine Ringe geschnitten (das Weiße und Grüne getrennt halten)

2 EL helle Sojasauce

1 EL Reisessig

FÜR DIE TEIGTASCHEN

16 tiefgekühlte Gyoza- oder Potsticker-Teigblätter, über Nacht aufgetaut

etwas Mehl zum Bestäuben

2 × 2 EL Pflanzenöl

1 EL gerösteter Sesam

2 × das Rezept für die würzig-scharfe Dipsauce oder die pikante Ingwer-Dipsauce (siehe Seiten 58 und 59) zum Servieren

1 Bereite zuerst die Füllung zu. !!! Erhitze das Sesamöl und das Pflanzenöl auf hoher Stufe in einer großen Bratpfanne. Gib den Kohl, die Pilze, die Edamame, den Ingwer, den Knoblauch und die weißen Frühlingszwiebelringe hinein und brate alles unter Rühren 4 Minuten an. Nun füge die Sojasauce und den Reisessig hinzu und rühre noch etwa 1 Minute, bis es nicht mehr dampft. Stelle die Pfanne zum Abkühlen beiseite.

2 Wenn die Füllung abgekühlt ist, werden die Teigtaschen gefüllt. Du arbeitest stets nur mit einem Teigblatt auf einmal. Bewahre die übrigen Teigblätter unter einem feuchten Geschirrtuch auf, damit sie nicht austrocknen. Halte eine kleine Schüssel mit kaltem Wasser bereit.

3 Lege dir das Teigblatt auf eine Handfläche und gib 1 gehäuften TL der Füllung in die Mitte.

4 Tauche einen Finger in das Wasser (das ist dein »Kleber«) und feuchte den Rand des Teigblatts auf der Innenseite an.

5 Falte das Teigblatt zum Halbmond und drücke die Ränder zusammen.

6 Nun lege den Rand in fünf oder sechs kleine Falten und drücke den Teig dabei zusammen, damit er zusammenhält.

7 Lege die fertigen Teigtaschen auf eine leicht bemehlte Platte und drücke sie etwas an, damit die Unterseite flach wird. Bedecke sie mit einem Geschirrtuch und stelle sie bis zur weiteren Zubereitung in den Kühlschrank.

8 Zum Braten der Teigtaschen !!! erhitze 2 TL des Olivenöls auf mittlerer Stufe in einer großen Bratpfanne mit Deckel. Gib die Hälfte der Teigtaschen hinein und brate sie etwa 2 Minuten, bis sie eine goldbraune Kruste bekommen (hebe eine vorsichtig mit einem Pfannenwender an, um die Unterseite anzuschauen). Dann gib 150 ml kaltes Wasser in die Pfanne. Vorsicht, das dampft und spritzt! Lege sofort den Deckel auf die Pfanne, um den Dampf festzuhalten.

9 Dämpfe die Teigtaschen etwa !!! 8 Minuten, bis das Wasser fast ganz verschwunden ist. Nimm den Deckel ab und gare die Teigtaschen noch 1 Minute, dann hebe sie vorsichtig mit dem Pfannenwender aus der Pfanne. Wische die Pfanne aus und gare die übrigen Teigtaschen ebenfalls wie in Schritt 8 und 9 beschrieben.

10 Bestreue die Teigtaschen mit dem gerösteten Sesam und den grünen Frühlingszwiebelringen und serviere sie mit der Dipsauce. Sie schmecken am besten ganz frisch.

3

4

5

6

Diese Anfängermethode funktioniert gut, doch wenn du es genauso machen willst wie die Potsticker-Profis in Japan, findest du im Internet viele Videos dazu.

7

9

10

ROTE-BETE-KAROTTEN-PUFFER

Bei diesem Rezept sind die Zutaten ganz einfach austauschbar – du kannst dein Lieblingsgemüse verwenden oder verbrauchen, was du da hast.

- Tausche die Gemüsesorten nach Belieben aus – statt Karotten und Rote Bete kannst du Knollensellerie, Zucchini, Kürbis oder Pastinaken raspeln.
- Das Kichererbsenmehl dient als Kleber, um alles zusammenzuhalten, doch du kannst auch das Mehl anderer Hülsenfrüchte (Erbsen, Favabohnen oder Linsen) verwenden, wenn du es bekommst.
- Möchtest du mal etwas anderes als die indischen Gewürze? Mit getrocknetem Thymian, Zitronenschale und ein wenig geriebenem Parmesan bekommst du einen völlig anderen Geschmack!

Gemüsepuffer schmecken super mit Hummus (siehe Seite 60).

FÜR 4 PORTIONEN

4–5 EL Olivenöl

1 Zwiebel, geschält und fein gewürfelt

3 Knoblauchzehen, geschält und durch eine Presse gedrückt

100 g Rote Bete

100 g Karotten

75 g Kichererbsenmehl

1 TL Salz

2 TL Garam Masala (indische Gewürzmischung)

1 EL Sonnenblumenkerne, Kürbiskerne oder Sesamsamen

1. Erhitze 2 EL des Öls auf !!! mittlerer Stufe in einer Pfanne, dann gib die Zwiebeln hinein und schwitze sie etwa 10 Minuten an, bis sie ganz weich sind. Rühre den Knoblauch unter und brate ihn mit, bis er duftet, dann stelle die Pfanne zum Abkühlen beiseite.

2. Raspele inzwischen das Gemüse mit der groben Seite einer Kastenreibe. Wenn du das Gemüse gut gewaschen hast, brauchst du es nicht zu schälen.

3. Mische in einer großen Schüssel die abgekühlten Zwiebeln, das geraspelte Gemüse, das Kichererbsenmehl, das Salz, das Garam Masala und die Kerne oder Samen. Keine Sorge, falls die Mischung etwas trocken ist – rühre einfach weiter oder knete mit den Fingern (die werden dabei etwas rosa!), damit der Saft aus den Karotten und der Roten Bete herauskommt.

4. Forme aus der Mischung etwa 12 Puffer: Nimm jeweils 1 kleine Handvoll der Masse und drücke sie in den Händen zu einer flachen Scheibe zusammen.

5. Erhitze das Öl auf mittlerer !!! Stufe in einer großen Bratpfanne und lege mithilfe eines Pfannenwenders die Hälfte der Puffer vorsichtig in das heiße Öl. Brate die Puffer auf jeder Seite 4–5 Minuten; wende sie einmal, wenn die erste Seite schön braun ist.

6. Lasse die Puffer auf Küchenpapier abtropfen und halte sie im Backofen warm, wenn du sie nicht sofort servierst.

7. Brate die übrigen Puffer genauso. Gib dazu nach Bedarf noch etwas Öl in die Pfanne.

Auch lecker mit Joghurt-Gurken-Dip (Seite 91) oder mexikanischer Salsa (Seite 45).

SÜSSE SACHEN

BANANEN-SCHOKO-MUFFINS MIT WALNÜSSEN

Wenn Bananen weich werden und ihre Schale etwas braun wird oder Punkte bekommt, sind sie ideal zum Backen. Auch wenn du sie noch nicht sofort verwenden willst, kannst du sie mitsamt Schale im Kühlschrank aufbewahren. In diesem Rezept binden die zerdrückten Bananen den Teig, sodass keine Eier gebraucht werden. Falls du kein Roggenmehl hast, kannst du auch jedes Weizenmehl benutzen, aber das Roggenmehl schmeckt wunderbar nussig.

FÜR 12 PORTIONEN

3 große oder 4 mittelgroße überreife Bananen

4 EL kalt gepresstes Rapsöl oder anderes Pflanzenöl

200 g heller Muscovado-Zucker + 1 TL zum Bestreuen

150 g Weizenmehl Type 405

150 g Roggenmehl

2 TL Backpulver

½ TL Salz

50 g Walnusskerne, grob gehackt

50 g dunkle Schokolade, grob gehackt

1. Heize den Backofen auf 180 °C Ober-/Unterhitze (Gas Stufe 4) vor.
2. Zerdrücke die Bananen in einer großen Schüssel und vermische sie mit dem Öl und dem Zucker.
3. Vermische in einer extra Schüssel die Mehle, das Backpulver und das Salz, dann schütte die Mischung zu dem Bananenmix.
4. Gib die Walnusskerne und die Schokolade dazu und hebe sie nur GANZ KURZ unter den Teig.
5. Löffele den Teig in 12 Papier-Muffinförmchen (oder eingefettete Muffinformen) und streue etwas Zucker darauf.
6. !!! Backe die Muffins 20–25 Minuten im Ofen, bis sie elastisch nachgeben, wenn du mit einem Löffel daraufdrückst.
7. Nimm die Muffins vorsichtig aus der heißen Backform und lasse sie auf einem Kuchengitter etwas abkühlen.

2 EL pro Muffin genügen.

2

3

4

7

5

WILDSAMMLUNG = GRATIS-LEBENSMITTEL

Tausende von Jahren haben die Menschen überlebt, indem sie je nach Jahreszeit Nahrung draußen wild gesammelt haben, doch heute wissen viele von uns gar nicht mehr, welche Nahrungsmittel aus Wäldern und Hecken überhaupt essbar sind. Die gute Nachricht ist, dass du nicht unbedingt auf dem Land leben musst – auch in vielen Stadtparks kannst du fette Beute machen. Wenn du ein begeisterter Sammler bis, gibt es viele informative Bücher, die dir dabei helfen können. Hier sind ein paar Leckerbissen für den Anfang:

BÄRLAUCH
(Frühling)

Diesen riechst du wahrscheinlich, bevor du ihn siehst. Er wächst in schattigen Waldgebieten oder an feuchten Böschungen. Die üppigen Blätter sind breit und weich, und wenn du sie zwischen den Fingern zerreibst, riechen sie eindeutig nach ... Überraschung ... Knoblauch! Es gibt einige ähnliche Pflanzen, deren Blätter giftig sind (z. B. Maiglöckchen), daher frage immer Erwachsene, ob du auch das Richtige pflückst.

Aus Bärlauch kann man superleckeres Pesto machen (siehe Seite 108), er schmeckt gut in Omeletts (siehe Seite 25) und in einem Salat. Auf Pizza kann man während der letzten Minute der Backzeit ganze Bärlauchblätter mitbacken.

Auch die kleinen sechsblättrigen und sternchenförmigen Blüten sind essbar und sehen wunderhübsch aus, wenn du sie auf einen Salat streust.

BRENNNESSELN
(Frühling)

Die kennst du bestimmt – wer hat sich daran noch nicht »verbrannt«? Ziehe Gummihandschuhe an, um im Frühling, bevor die Nesseln blühen, die jungen, kleinsten Blättchen abzupflücken und zu verarbeiten. Sie schmecken dann ganz süß und zart.

Durch Hitze wird die brennende Wirkung der Nesseln zerstört – tauche sie also für etwa 2 Minuten in kochendes Wasser, bis sie ganz weich werden, und nimm sie mithilfe einer Zange wieder heraus. Tunke sie in kaltes Wasser und drücke sie gut aus, bevor du Pesto daraus machst (siehe Seite 108).

Du kannst die rohen Brennnesseln auch waschen (mit Handschuhen!) und während der letzten Minuten der Kochzeit in eine Suppe rühren, zum Beispiel in die Minestrone (siehe Seite 76).

BROMBEEREN
(Spätsommer/Herbst)

Pflücke Brombeeren an einem trockenen Tag und achte darauf, dass sie richtig schwarz und saftig sind – unreife Brombeeren sind sehr sauer.

Bewahre die Beeren im Kühlschrank auf und iss sie innerhalb weniger Tage auf – streue sie in Salate, gib sie in Smoothies oder Kompott oder backe Apfel-Brombeer-Galette (siehe Seite 134).

Du kannst auch einige Brombeeren einfrieren, damit du für den Winter einen Vorrat hast.

ES GIBT EIN PAAR REGELN ZU BEACHTEN:

Du kannst deine Schätze in den meisten Parks und am Wegesrand sammeln, aber nicht in Naturschutzgebieten oder auf Privatgelände (ohne Erlaubnis).

Frage einen Erwachsenen, ob du eine Pflanze richtig erkannt hast: Einfach mal probieren oder experimentieren kommt hier nicht infrage, da es jede Menge giftige Pflanzen gibt.

Pflücke nichts entlang stark befahrener Straßen oder in Hunde-Pinkelhöhe an beliebten Spazierwegen.

Lasse noch reichlich Früchte, Blüten oder Blätter für die Tierwelt übrig.

Pflücke oder schneide Blätter, Blüten oder Früchte vorsichtig ab, statt die Pflanze auszureißen – so kann sie in der nächsten Saison wieder austreiben.

HOLUNDERBLÜTEN

(spätes Frühjahr, Frühsommer)

Schneide diese fluffigen, cremeweißen Blüten an einem trockenen Morgen ab, wenn sie voller duftender Pollen sind. Perfekt für

EINFACHER HOLUNDERSIRUP

1 Sammle 20 Blütendolden und schüttele eventuell darin versteckte Insekten heraus.

2 Gieße 1 l kochendes Wasser in einen großen Topf, füge 1 kg Zucker hinzu und rühre um, bis der Zucker aufgelöst ist. !!!

3 Gib die Blüten zusammen mit der abgeschälten (nicht geriebenen) Schale von 3 unbehandelten Zitronen in den Topf.

4 Lege den Deckel auf den Topf und lasse alles 24 Stunden stehen.

5 Gieße den Sirup durch ein mit einem Mulltuch ausgelegtes Sieb in sterilisierte Flaschen (ein Durchgang bei 70 °C in der Spülmaschine genügt). So ist er im Kühlschrank bis zu 1 Monat haltbar.

6 Genieße den Sirup mit stillem oder sprudelndem Wasser verdünnt.

APFEL-BROMBEER-GALETTE

Für diesen frei geformten französischen Kuchen brauchst du nicht einmal eine Backform, nur ein mit Backpapier ausgelegtes Backblech. Achte immer darauf, die gemahlenen Mandeln unter die Früchte zu streuen – sie saugen den Fruchtsaft auf, sodass der Teigboden nicht matschig wird. Wer möchte ein Stück? Der Teig eignet sich auch gut für mit Marmelade gefüllte Törtchen oder für herzhafte Quiches (dabei einfach den Zucker weglassen).

FÜR 6 PORTIONEN

FÜR DEN MÜRBETEIG

220 g Weizenmehl Type 405 + 1 EL zum Bestäuben

1 Prise Salz

100 g kalte Butter (direkt aus dem Kühlschrank)

2 EL heller Muscovado-Zucker

ZUM BESTREICHEN

1 Ei

1 Prise Salz

FÜR DIE FÜLLUNG

(siehe Seite 136)

1. Bereite zuerst den Mürbeteig zu: Gib das Mehl und das Salz in eine große Rührschüssel.

2. Schneide die Butter in kleine Würfel (etwa so groß wie die Würfel eines Brettspiels). Gib die Würfel in die Schüssel und vermische sie mithilfe eines Tafelmessers mit dem Mehl.

3. Nimm die Hände heraus, wenn du die Flocken zurück in die Schüssel fallen lässt, damit sie nicht zu warm werden.

4. Wenn die Mischung aussieht wie Brotkrümel und keine größeren Butterklumpen mehr übrig sind, füge den Zucker und 3 EL kaltes Wasser hinzu. Verwende wieder das Messer, um alles umzurühren, durch die Masse zu schneiden und die Krümel zu verbinden.

5. Drücke den Mürbeteig mit den Händen zu einer Kugel zusammen. Wenn er noch krümelig ist und auseinanderfällt, kannst du noch 1 EL Wasser hinzufügen – aber nur gerade so viel, dass der Teig zusammenhält und keine trockenen Risse mehr hat.

6. Schneide ein etwa 40 × 40 cm großes Stück Backpapier zu und lege den Teig darauf. Drücke ihn etwas flach zu einer Art Scheibe, dann wickele ihn ein und lege ihn zum Kühlen in den Kühlschrank.

7. Bereite die Eiermischung vor, mit der du später den Teig bepinselst, damit er eine schöne goldbraune Kruste bekommt: Verquirle das Ei in einer kleinen Schüssel mit einer Gabel, gib 1 Prise Salz dazu und stelle alles beiseite.

Mürbeteig hat es gern kalt.

Während der Teig kühlt, wird die Obstfüllung gemacht.

2

3

4

5

6

BROMBEER-APFEL-GALETTE: FÜLLUNG

3–4 Äpfel, geviertelt, entkernt, dann jedes Viertel nochmals halbiert

Saft von ½ Zitrone

3 EL heller Muscovado-Zucker

1 gehäufter EL Maisstärke

1 Prise gemahlener Zimt

200 g Brombeeren

50 g gemahlene Mandelkerne

2 EL Zucker

1 Heize den Backofen auf 180 °C Ober-/Unterhitze (Gas Stufe 4) vor.

2 Sobald du die Äpfel durchgeschnitten hast, gib die Stücke in eine Schüssel und vermische sie mit dem Zitronensaft. Streue den Zucker, die Maisstärke und den Zimt darüber, dann füge die Brombeeren hinzu und rühre das Obst behutsam um.

3 Nimm den Mürbeteig aus dem Kühlschrank und rolle ihn zu einem großen Kreis aus (etwa 30–35 cm Durchmesser). Du kannst zum Ausrollen das Backpapier verwenden, in dem der Teig im Kühlschrank eingewickelt war; Knicke sind nicht schlimm. Bestäube das Papier nur mit 1 EL Mehl. Die Teigränder müssen nicht glatt sein – wenn sie etwas ungleichmäßig sind, sieht es richtig selbst gebacken aus.

4 Schiebe den Mürbeteig mitsamt Backpapier auf ein Backblech und bestreue ihn mit den gemahlenen Mandelkernen.

5 Verteile die Äpfel und Brombeeren in der Mitte des Teigs. Lasse ringsum einen etwa 5 cm breiten Rand frei. Es sieht immer so aus, als wäre es viel zu viel Füllung, aber das Obst fällt beim Backen zusammen.

6 Falte die freien Teigränder über die Obstfüllung (du kannst das Obst nicht ganz bedecken – die Mitte der Füllung schaut heraus) und drücke sie dabei etwas zusammen.
Falls der Teig reißt, keine Sorge – nimm einfach etwas Teig vom Rand weg und klebe damit einen Flicken auf den Riss.

7 Bepinsele den Teig mit dem verquirlten Ei (pinsele auch gut über eventuelle Risse, um sie zusammenzukleben). Bestreue die Galette (Teig und Füllung) mit dem Zucker.

8 Backe die Galette etwa 50 Minuten im Ofen, bis der Teig schön braun und knusprig ist. !!!

9 Nimm die Galette vorsichtig aus dem Ofen und iss sie warm oder kalt mit Eiscreme oder Joghurt.

Im Spätsommer kann man oft ganz umsonst Brombeeren sammeln gehen und die Äpfel sind dann auch reif.

Auch eine Aprikosenfüllung schmeckt köstlich. Halbiere und entsteine die Früchte und gib vielleicht noch ein paar Himbeeren dazu. Insgesamt sollten es immer 700 g Obst sein.

Verwende statt Äpfeln und Brombeeren etwa 700 g Pflaumen (geviertelt und entsteint) und ersetze den Zimt durch gemahlenen Kardamom.

2

3

4

9

6

BIENENFREUNDLICH

Es ist so wichtig, sich um diese wertvollen Insekten zu kümmern.

ES GEHT NICHT NUR UM HONIG

Honigbienen produzieren dieses köstliche natürliche Süßungsmittel und lagern es ein, damit ihr Bienenstock die kalten Wintermonate überlebt. Zum Glück für uns machen Bienen mehr Honig, als sie brauchen, sodass auch wir etwas davon ernten können.

Die gewöhnliche Honigbiene ist jedoch nur eine von über 20 000 Bienenarten, und die meisten davon produzieren keinen Honig. Trotzdem sind Bienen lebenswichtig, da sie zu den Hauptbestäubern unserer Feldfrüchte zählen: Indem sie die Pollen summend von einer Blüte zur anderen transportieren, tragen sie dazu bei, dass die Pflanzen sich vermehren, Samen und Früchte bilden.

Durch moderne Methoden in der Landwirtschaft gibt es immer weniger Wildblumenwiesen – unsere Bienen brauchen jedoch einen Lebensraum, in dem sie Nahrung finden. Wie können wir ihnen helfen?

BIENEN BRAUCHEN BLÜTEN. ALSO SÄE BLUMEN!

Ob es ein paar Töpfe auf der Fensterbank sind oder ein ganzes Blumenbeet – wir alle können ein bisschen mithelfen, indem wir bienenfreundliche Pflanzen ziehen.

Bienen lieben viele der Kräuter, die wir in der Küche verwenden – das ist also ein Gewinn für uns alle.

Probiere es mit Schnittlauch, Fenchel, Majoran, Minze, Rosmarin, Salbei oder Thymian.

Viele der Blüten, aus denen Bienen gerne den Nektar und die Pollen sammeln, sind auch für uns Menschen lecker zum Essen. Borretsch, Kornblumen, Lavendel, Ringelblumen, Kapuzinerkresse, Kletterrosen und Bartnelken sind nur einige Beispiele.

SORGE FÜR BIENEN!

Auf Wildblumenwiesen gedeihen Bienen am besten – wie wäre es, wenn du dich in deiner Schule, deinem Park, auf dem Golfplatz oder einem Bauernhof dafür einsetzt, dass ein Stückchen Land für diese Wunderwelt abgezwackt wird?

BIENENFREUNDLICH EINKAUFEN

Versuche, so oft wie möglich biologisch oder nachhaltig angebaute Lebensmittel zu kaufen, für die keine Insektizide und Herbizide verwendet werden, die für unsere Bestäuber schädlich oder sogar tödlich sein können.

FLOWER-POWER

Essbare Blüten sehen wunderschön aus, wenn du sie auf einen Salat streust oder einen Kuchen oder Smoothie hübsch damit verzierst.

Bei manchen Gemüsehändlern kann man Schälchen mit essbaren Blüten kaufen – besser noch, du versuchst, einige im Blumentopf auf der Fensterbank oder im Garten selbst zu züchten.

Iss keine Blumen aus dem Supermarkt oder dem Blumengeschäft – sie sind nur zur Dekoration da, nicht zum Essen. Oft werden sie auch mit schädlichen Chemikalien besprüht.

Einfach zu ziehende Blumen für den Anfang sind Veilchen, Ringelblumen oder Kapuzinerkresse. Aber denk dran: Verwende keinen Kunstdünger und lasse beim Abpflücken immer noch ein paar Blüten für die Bienen übrig.

In einem durchsichtigen Getränk sehen Eiswürfel mit Blüten darin fantastisch aus – und sie sind ganz einfach zu machen.

Fülle eine Eiswürfelschale zur Hälfte mit Wasser, gib in jedes Fach eine Blüte und friere alles ein. Wenn die Blüte nach ein paar Stunden festgefroren ist, fülle mit Wasser auf und friere die Eiswürfel wieder ein.

Manche Blüten sind giftig, also frage immer zuerst einen Erwachsenen, bevor du mit Blüten kochst! !!!

Die blauen sternförmigen Borretschblüten mit ihrem milden Gurkengeschmack sind ideal für Eiswürfel.

APFEL-INGWER-MÜSLIRIEGEL

Müsliriegel sind der ideale Kraftspender nach einer langen Wanderung oder als süßer Happen in der Lunchbox. Mit kleinblättrigen Haferflocken werden die Riegel fester, mit kernigen Haferflocken bröseliger – beides ist superlecker.

FÜR 16 PORTIONEN

125 g Butter

125 g heller Muscovado-Zucker

2 kleine Äpfel (eher Tafel- als Kochäpfel)

1 Stück frischer Ingwer (ca. 4 cm lang)

250 g zarte oder kernige Haferflocken

50 g Sultaninen

2 EL Kürbiskerne

1 Heize den Backofen auf 180 °C Ober-/Unterhitze (Gas Stufe 4) vor. Lege eine 20 cm große quadratische Backform mit Backpapier aus.

2 Gib die Butter und den Zucker in einen großen Topf und erhitze ihn auf mittlerer Stufe, sodass die Butter schmilzt.

3 Raspele die Äpfel mitsamt Schale mit der groben Seite einer Kastenreibe bis auf das Kerngehäuse. Dann reibe den Ingwer feiner, ebenfalls mit Schale. Insgesamt solltest du etwa 150 g Apfel-Ingwer-Mix haben.

4 Rühre die Haferflocken unter die geschmolzene Buttermischung, dann füge den Apfel-Ingwer-Mix, die Sultaninen und die Kürbiskerne hinzu. Vermische alles gründlich und achte darauf, dass alle Haferflocken feucht und klebrig sind.

5 Fülle die Mischung in die vorbereitete Form und drücke sie mit dem Rücken eines Löffels gut fest.

6 Backe die Mischung 30 Minuten. !!!

7 Nimm die Form aus dem Ofen und lasse sie 10 Minuten abkühlen, dann hebe die Müsliriegel mithilfe des Backpapiers in einem Stück heraus. Schneide sie in Rechtecke und lasse sie vollständig abkühlen.

8 In einem dicht verschlossenen Behälter sind die Müsliriegel bis zu 1 Woche gut haltbar.

2

3

5

4

7

OBST-KOMPOTT

Ein einfaches, fruchtiges Mus, das ebenso gut zum Frühstück schmeckt wie auf Eiscreme. Mache es, wenn Obst in Hülle und Fülle vorhanden ist, das heißt, wenn es Saison hat. Manchmal gibt es beim Gemüsehändler und auf dem Markt Sonderangebote für saisonale Früchte. Vielleicht hast du auch das Glück, Äpfel, Erdbeeren oder Pflaumenst im eigenen Garten zu haben. Versuche, Höfe zu besuchen, die Obst zum Selbstpflücken anbieten.

FÜR 500 ML

500 g Obst, gewaschen und vorbereitet (tiefgekühlte Beeren funktionieren auch gut)

4–6 EL Rohrohrzucker, Ahornsirup oder flüssiger Honig

½ TL Maisstärke

nach Wunsch ein extra Aroma (z. B. Vanillemark)

Welches Obst? Welches Aroma? Für dieses Rezept kannst du beliebiges Obst verwenden – es sollten nur jedes Mal insgesamt 500 g Früchte sein. Probiere deine eigenen Kombinationen aus!

1 Gib das Obst, 3 EL Wasser und 50 g (4 EL) Zucker, Ahornsirup oder Honig in einen Topf. Du kannst später noch mehr Zucker hinzufügen, aber manches Obst ist süß genug. Streue die Maisstärke darüber – sie hilft, den Saft anzudicken (nimm nicht mehr als ½ TL, sonst wird dein Kompott zu fest und klebrig). Rühre alles gut um.

2 Erhitze den Topf auf mittlerer Stufe, bis das Obst leicht köchelt. Du kannst es ab und zu umrühren, aber dabei sollen möglichst nicht alle Früchte kaputtgehen. Lasse das Obst 3–4 Minuten kochen, bis es weich, aber noch nicht ganz zerfallen ist.

3 Lasse das Obst im Topf etwas abkühlen. Schmecke ab – bei saurem Obst brauchst du vielleicht noch etwas Zucker, aber denke daran, dass das Kompott nicht so süß werden soll wie Marmelade.

4 Du kannst das Kompott in einem verschlossenen Glas bis zu 1 Woche im Kühlschrank aufbewahren oder es in kleine Becher (z. B. leere Joghurtbecher) füllen und einfrieren.

KIRSCHKOMPOTT

Halbiere und entsteine die Kirschen und gib außer dem Wasser noch den Saft von ½ Zitrone dazu. Füge beim Abkühlen nach dem Kochen 1 Tropfen Mandelextrakt hinzu (vorsichtig, das schmeckt sehr intensiv!).

APFELKOMPOTT

Schäle und entkerne die Äpfel und schneide sie in Stücke von der Größe deines Daumennagels. Gib den Saft von ½ Zitrone mit ins Kochwasser. In diesem Rezept brauchst du keine Maisstärke. Lege einen Deckel auf den Topf, da die Äpfel länger als anderes Obst brauchen, um weich zu werden (etwa 15–20 Minuten). Manche Kochäpfel brauchen extra Zucker, da sie ziemlich sauer sind.

ERDBEERKOMPOTT

Entferne die grünen Kelchblätter und schneide die Früchte in Stücke von der Größe deines Daumennagels. Füge mit dem Wasser ½ TL Vanilleextrakt hinzu.

1

4

ERDBEER-RHABARBER-KOMPOTT

Entferne die grünen Kelchblätter von etwa 250 g Erdbeeren und schneide die Früchte in Stücke von der Größe deines Daumennagels. Füge 2 Stangen (etwa 250 g) in 2 cm lange Stücke geschnittenen Rhabarber hinzu. Du brauchst vielleicht etwas mehr Zucker ... Rhabarber ist soooo sauer!

VANILLEEIS

Für dieses cremige Eis brauchst du keine teure Eismaschine, aber einen elektrischen Handmixer. Ansonsten musst du nur eine Dose aufmachen, etwas Zucker und Aroma hinzufügen und alles schaumig schlagen. Dann ein paar Stunden im Eisschrank, und Simsalabim, fertig ist deine selbst gemachte Eiscreme!

Tipp: Stelle die Dose Kondensmilch vor der Verwendung über Nacht in den Kühlschrank oder für mindestens 2 Stunden in den Gefrierschrank.

FÜR 6 PORTIONEN

1 sehr gut gekühlte Dose (400 g) Kondensmilch

100 g heller Muscovado-Zucker

1 Prise Salz

2 TL Vanilleextrakt (mehr oder weniger ganz nach deinem Geschmack)

Du kannst für das Eis auch normalen weißen oder braunen Zucker verwenden, aber der weniger raffinierte Muscovado-Zucker schmeckt himmlisch nach Karamell.

1. Schlage in einer großen Rührschüssel die eiskalte Kondensmilch, den Zucker und das Salz mit dem Handmixer schön schaumig – richtig schaumig, bis sich das Volumen verdoppelt hat. Das dauert etwa 10 Minuten. Vielleicht machst du nach 5 Minuten eine Pause, lässt den Mixer ein paar Minuten abkühlen und schlägst dann weiter.

2. Rühre das Vanilleextrakt unter und schmecke ab. Wenn du nur wenig Vanille schmeckst, brauchst du vielleicht noch 1 TL mehr.

3. Fülle die Mischung in einen zum Einfrieren geeigneten Behälter – ganz vorsichtig, sodass die Luftbläschen in der Masse nicht kaputtgehen.

4. Friere die Creme für mindestens 4 Stunden ein.

5. Die Eiscreme schmeckt ohne alles oder mit frischem Obst oder Kompott (siehe Seite 142).

EISCREME MIT CHOCOLATE CHIPS

Streue ganz zum Schluss einfach 150 g dunkle Raspelschokolade oder fein gehackte Schokolade unter die schaumige Milchmischung. Rühre die Creme kurz noch einmal durch und friere sie dann ein.

1

3

5

ÜBERBACKENE PFLAUMEN MIT AMARETTI-STREUSELN

Die klassischen italienischen Amaretti-Makrönchen kann man super über Obst zerbröseln und dann überbacken. Der Mandelgeschmack passt perfekt zu Steinobst wie Aprikosen, Pfirsichen, Nektarinen und Pflaumen – verwende einfach das Obst, das in deiner Region wächst.

FÜR 4 PORTIONEN

8–10 Pflaumen

50 g Amaretti

2 EL Butter

4 EL Balsamessig

2 EL Muscovado-Zucker

1 Heize den Backofen auf 180 °C Ober-/Unterhitze (Gas Stufe 4) vor.

2 Halbiere die Pflaumen und entferne die Steine.

3 Zerbrösele die Amaretti in einem Mörser. Du kannst sie auch in einen Gefrierbeutel füllen und mit einem Nudelholz zerkleinern.

Die Brösel können ruhig noch ziemlich grob sein.

4 Verteile die Pflaumen mit der Schnittfläche nach oben in einer Auflaufform. Streue die Amaretti-Brösel darüber, sodass die Mitte der Pflaumen gefüllt wird.

Es macht nichts, wenn ein paar Streusel daneben fallen.

5 Schneide die Butter in kleine Stückchen. Setze jeweils ein Butterstückchen auf jede Pflaumenhälfte und streue 1 Prise Zucker darüber.

6 Vermische 200 ml Wasser und den Balsamessig in einem Glas und gieße die Mischung um die Pflaumen in der Auflaufform.

7 Backe die Pflaumen etwa 15 Minuten im Ofen, bis die Früchte weich und die Streusel goldbraun und knusprig sind. !!!

8 Serviere die Pflaumen warm oder kalt mitsamt ihrem süßsauren Saft und etwas Eiscreme, Joghurt oder Pudding.

2

3

4

5

6

7

SELBST GEMACHTE GESCHENKE UMWELTFREUNDLICH VERPACKT

Mit selbst gemachten Geschenken kannst du bei Erwachsenen immer gut punkten, weil sie zeigen, dass du viel Zeit und Mühe darauf verwendet hast. UND wir alle haben wirklich irgendwann genug Duftkerzen, Deko und Socken – ganz abgesehen von dem Verpackungsmüll, der bei gekauften Sachen anfällt.

Selbst gebackene Leckereien wie Kekse/Plätzchen, Müsliriegel, Knuspermüsli oder Käsestangen kannst du mindestens 1 Tag im Voraus zubereiten (Rezepte findest du in diesem Buch) und in einem hübschen Gefäß (einer Dose oder einem Glas) verschenken, das man immer wieder verwenden kann. Es lohnt sich, dafür interessant geformte Marmeladengläser zu sammeln oder schöne Bügelgläser zu kaufen.

Wie wäre es mit einem Probierpaket? Nimm eine Schachtel – ein Schuhkarton ist ideal – und fülle sie mit verschiedenen kleinen Zutaten: vielleicht 3 Mini-Honiggläschen aus der Region, 6 winterliche Zitrusfrüchte (wer kann Clementinen und Satsumas unterscheiden?) oder unterschiedliche Apfelsorten. Das wird ein einmaliges Geschenk! Es wird aufgegessen, schmeckt gut und verursacht gar keinen Verpackungsmüll – perfekt!

TRICK: MARMELADENGLÄSER SÄUBERN

Für die Etiketten von Marmeladengläsern wird anscheinend besonders klebriger Klebstoff verwendet. So bekommst du ihn ab:

Weiche das Glas in Wasser ein und ziehe möglichst viel vom Etikett ab.

Mische eine Paste aus 1 EL Backpulver und 1 EL Pflanzenöl und streiche sie auf die klebrige Fläche. Lasse sie ein paar Stunden einwirken, dann reibe sie mit einem Lappen und Spülwasser ab.

Kräutergarten: Kräuter vom Gemüsehändler oder aus dem Supermarkt stecken oft in einem sehr engen Topf. Du kannst ein paar Basilikum-, Petersilien- oder Koriander-pflänzchen in recycelte Konservendosen (mit ein paar Löchern im Boden) umtopfen. Wenn du sie gießt (Vorsicht, nur so viel, dass die Erde feucht ist und die Pflänzchen nicht »schwimmen«!) und auf eine helle Fensterbank oder draußen in die Sonne stellst, wachsen sie gut.

Entwirf einen Gutschein für ein Abendessen (natürlich von dir selbst gekocht, einschließlich Abwaschen und Aufräumen!).

Mit kleinen Plätzchenausstechern (Sternchen, Herzchen oder auch Tieren oder Äpfelchen) kannst du ganz einfach super Kartoffelstempel basteln. Schneide eine Kartoffel in der Mitte durch, drücke den Ausstecher in die Schnittfläche und schneide mit einem Messer die Kartoffel rings um die Form ab. Entferne den Ausstecher – fertig ist der Stempel!

EINPACKEN

Die selbst genähte Einkaufstasche (siehe Seite 122) oder die selbst gemachten Bienenwachstücher (siehe Seite 52) sind allein schon tolle Geschenke, aber du kannst auch ein essbares Geschenk darin verpacken.

Falls du dein Geschenk in Papier verpacken möchtest, kannst du vielleicht eine hübsche Seite aus einer Zeitschrift (z. B. mit einem Foto von leckerem Essen) verwenden oder recyceltes braunes Packpapier mit Kartoffeldruck schön verzieren.

LIEBLINGSPLÄTZCHEN

Mit diesem Rezept kannst du Plätzchen mit ganz unterschiedlichem Geschmack backen, je nachdem, was ihr im Schrank habt. Du wirst nie wieder Reste von Trockenfrüchten, Nüssen oder Schokotropfen wegwerfen müssen.

Nimm die Butter 1 Stunde vor der Verwendung aus dem Kühlschrank.

Niemals!

FÜR ETWA 20 PLÄTZCHEN

125 g Butter

75 g heller Muscovado-Zucker

1 Eigelb (das Eiweiß kannst du für ein anderes Rezept einfrieren)

125 g Weizenmehl Type 405

1 TL Backpulver

25 g gemahlene Mandelkerne

Deine Wahl – suche dir 1 Sorte aus oder wähle einen Mix.

FÜR VERSCHIEDENE SORTEN

insgesamt 50 g der folgenden Zutaten:

Nusskerne (Haselnuss-, Pistazien-, Mandel-, Pekannusskerne), grob gehackt

dunkle Schokolade (Tropfen oder grob gehackt)

kandierter Ingwer

Korinthen, Rosinen oder Sultaninen

ODER

1 ½ TL abgeriebene Zitronenschale

1. Heize den Backofen auf 170 °C Ober-/Unterhitze (Gas Stufe 3) vor. Fette zwei große Backbleche ein (das geht super mit dem Butterpapier).
2. Schneide die Butter in grobe Stücke und gib sie in die Rührschüssel, damit sie schon einmal weich wird, während du die übrigen Zutaten abwiegst.
3. Verrühre die Butter mit einem Holzlöffel, bis sie weich ist, dann rühre den Zucker darunter. Nun kannst du diese Mischung entweder mit dem Handmixer oder weiter mit dem Holzlöffel ganz cremig rühren.
4. Mische das Eigelb mithilfe einer Gabel unter und verrühre alles gründlich mit dem Holzlöffel. Dann rühre das Mehl, die gemahlenen Mandeln und deine zusätzlichen Zutaten darunter.
5. Forme mit den Händen walnussgroße Kugeln aus dem Teig und setze sie auf die Backbleche. Lasse zwischen den Kugeln viel Platz, da sie beim Backen auseinanderlaufen.
6. Drücke die Kugeln mit dem Rücken einer Gabel etwas flach.
7. Backe die Plätzchen etwa 10 Minuten im Ofen, bis sie eben anfangen, braun zu werden. !!!
8. Nimm die Plätzchen aus dem Ofen und lasse sie etwa 5 Minuten stehen, damit sie fester werden, bevor du sie zum Abkühlen auf ein Kuchengitter legst.
9. Du kannst die Plätzchen sofort essen oder in einem dicht schließenden Behälter (Plätzchendose, Marmeladenglas) aufbewahren.

2

3

4

5

6

7

EIS AM STIEL

Für selbst gemachtes Eis am Stiel verwendest du frisches Obst, kein künstliches Aroma – das ist besser für dich und schmeckt viel leckerer. Einfache Förmchen für Stieleis bekommst du (vor allem im Sommer) im Haushaltswarenladen und im Supermarkt oder online.

Eis am Stiel kannst du praktisch aus jedem Frucht-Smoothie machen. Wahrscheinlich möchtest du das Obst mit etwas Honig, Ahornsirup oder Zucker süßen, weil das kalte Eis deine Geschmacksknospen etwas lahmlegt.

APFEL-HIMBEER-STIELEIS

FÜR ETWA 4 PORTIONEN

250 g Himbeeren

3 EL Zucker oder Honig

200 ml Apfelsaft

1 Fülle die Himbeeren mit 100 ml Wasser und dem Zucker oder Honig in einen kleinen Topf und erhitze diesen auf mittlerer Stufe. Lasse die Beeren etwa 2 Minuten kochen, bis sie etwas weich geworden sind.

2 Lasse die Beeren abkühlen.

3 Fülle die Beeren in einen Standmixer, gib den Apfelsaft dazu und püriere alles fein.

4 Gieße den Mix durch ein Sieb, um die Kerne zu entfernen.

5 Fülle die Mischung in Stieleis-Förmchen (Vorsicht, nicht zu voll, da das Eis sich ausdehnt) und verschließe diese mit dem Deckel (wenn nötig, stecke die Stiele hinein). Stelle sie vorsichtig in den Eisschrank.

6 Lasse das Eis mindestens 4 Stunden gefrieren.

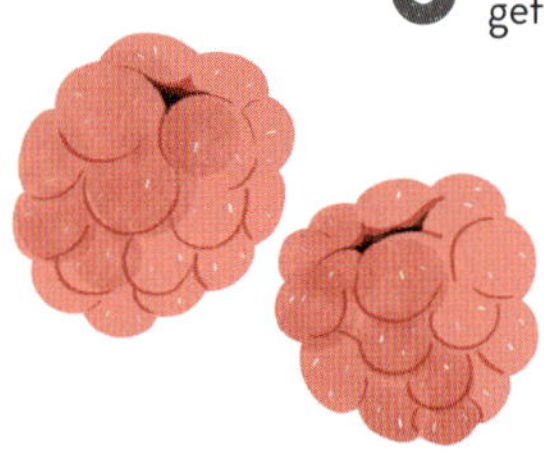

MANGO-LIMETTEN-STIELEIS

Wirklich reife, saftige Mangos zu bekommen ist nicht immer ganz einfach. Du kannst statt frischer Früchte aber auch einfach eine Dose Mangopüree verwenden.

Frische exotische Früchte werden außerdem oft mit dem Flugzeug zu uns transportiert.

FÜR ETWA 8 PORTIONEN

Saft von 2 Limetten

1 Glas (850 ml) Mangopüree

Zucker, Honig oder Ahornsiurp nach Geschmack

1 Rühre den Limettensaft unter das Mangopüree und schmecke mit Zucker, Honig oder Ahornsirup ab. Oft ist Mangopüree schon gesüßt, dann brauchst du wahrscheinlich keine zusätzliche Süße.

2 Fülle die Mangomischung in Stieleis-Förmchen, verschließe diese mit dem Deckel (wenn nötig, stecke die Stiele hinein) und lasse das Eis mindestens 4 Stunden gefrieren.

CREMIGES ERDBEER-BANANEN-STIELEIS

FÜR ETWA 4 PORTIONEN

250 g Erdbeeren

1 mittelgroße Banane, geschält und in grobe Stücke geschnitten

100 ml Milch (alternativ auch Hafer- oder Mandeldrink, was dir lieber ist)

2 EL Zucker, Honig oder Ahornsirup (nach Bedarf)

1 Wasche die Erdbeeren und schneide die Stielansätze und kleinen Blättchen (»Kelchblätter« genannt) heraus.

2 Püriere die Erdbeeren zusammen mit der Banane und der Milch oder dem Pflanzendrink in einem Standmixer.

3 Schmecke ab und gib noch etwas Zucker, Honig oder Ahornsirup dazu, falls es nicht süß genug ist.

4 Gieße die Mischung durch ein Sieb, um die Kerne zu entfernen.

5 Fülle die Mischung in Stieleis-Förmchen, verschließe diese mit dem Deckel (wenn nötig, stecke die Stiele hinein) und lasse das Eis mindestens 4 Stunden gefrieren.

LEGE EIN REZEPTBUCH AN

Ob in einer Datei am Computer oder Tablet oder als handgeschriebenes Buch – es kann eine gute Idee sein, dir zu deinen Koch- und Backabenteuern Notizen zu machen. Vielleicht legst du sogar eine Sammlung mit Lieblingsrezepten an, die du aus Büchern oder aus dem Internet kopierst oder von Freunden und der Familie bekommst. Die meisten Köche reden gern über Essen und freuen sich riesig, wenn du ihnen sagst, dass dir ihr Gericht geschmeckt hat. Wenn das nächste Mal jemand etwas gekocht hat, von dem du gar nicht genug bekommen kannst, frage doch nach dem Rezept!

Du kannst deine Rezepte auch mit * bewerten.

Wenn du in Rezepten die Wahl zwischen verschiedenen Zutaten hast wie bei den Lieblingsplätzchen (siehe Seite 150) oder dem Knuspermüsli (siehe Seite 18), schreibe dir deine Varianten auf, damit du wiederholen kannst, was dir am besten geschmeckt hat.

Du kannst auch andere Kommentare und Erinnerungen (z. B. Fotos) in dein Rezeptbuch aufnehmen:

- zu einem kleinen Markt, den ihr im Urlaub besucht habt
- zu einem Restaurant, in dem ihr zu einem besonderen Anlass gegessen habt
- zum ersten Mal, als du eine außergewöhnliche Gemüsesorte probiert hast
- oder zur Speisenauswahl für ein perfektes Picknick zu einem Geburtstag.

Direktes Sonnenlicht

Schatten

EIN PAAR TIPPS ZUM FOTOGRAFIEREN VON ESSEN:

In der Beleuchtung in einem Innenraum sieht Essen meistens unappetitlich aus – gehe ans Fenster oder nach draußen ans Tageslicht.

Wir denken oft, sonniges Wetter sei für Fotos am besten, wahrscheinlich, weil wir dann meist besser gelaunt sind und Spaß haben – doch direktes Sonnenlicht lässt Farben auf Fotos leicht verblasst aussehen. Suche dir besser einen Platz im Schatten oder im Halbschatten.

Stelle das Essen zum Fotografieren nicht immer an die gewöhnlichsten Plätze – vielleicht ist der Fußboden am besten (natürlich nicht im Restaurant).

EIN REZEPTBUCH AM COMPUTER

Der Vorteil davon, ein digitales Rezeptbuch oder Koch-Tagebuch zu führen, ist, dass du den Inhalt schnell und einfach verschieben kannst, zum Beispiel aus dem »Klingt gut«-Ordner (Rezepte, die du ausprobieren möchtest) in den Ordner »Meine Sterne-koch-Rezepte« (deine größten Erfolge). Du kannst auch Rezepte abändern oder ergänzen und Varianten hinzufügen und brauchst nicht zu überlegen, wie viel Platz du für Ergänzungen lässt oder wie es aussieht, wenn du etwas durchstreichst.

Von einer Kamera oder einem Handy hochgeladene Bilder sind eine gute Erinnerung daran, wie dein Essen aussah (natürlich fantastisch), oder an das am seltsamsten aussehende Gemüse auf dem Markt.

EIN HAND-GESCHRIEBENES REZEPTBUCH

Wenn du künstlerisch-kreativ bist, ist ein handgeschriebener Ordner oder ein schönes Notizbuch wunderbar, um deine ausprobierten Rezepte und neuen Ideen zu sammeln.

In Bücher mit Spiralbindung oder in Ringbücher kannst du auch Rezepte aus Zeitschriften oder die Speisekarte eines Restaurants einkleben.

Auch hier kannst du Fotos einkleben oder aber schöne Zeichnungen von deinem Essen machen.

REZEPTREGISTER

ABKÜRZUNGEN

°C – Grad Celsius
cm – Zentimeter
EL – Esslöffel
g – Gramm
kg – Kilogramm
l – Liter
m – Meter
ml – Milliliter
Prise – eine ganz kleine Menge
TL – Teelöffel
z. B. – zum Beispiel

DICKES DANKESCHÖN

An alle Umweltaktivisten da draußen, vor allem an Greta Thunberg – meine Tochter Imi hatte die Idee zu diesem Buch, als du Anfang dieses Jahres auf dem Klimastreik in Bristol sprachst. Hoffen wir, dass dieses Buch den Kindern und Jugendlichen mit ihrer unbändigen Energie, etwas zu verändern, ein paar Möglichkeiten aufzeigt, die wirklich etwas bewirken.

An die Produzenten von Dokumentarfilmen über die Natur und die Umwelt, darunter mein wunderbarer Peter und natürlich der berühmte Sir David Attenborough, die uns die Wunder unseres unglaublichen Planeten direkt ins Wohnzimmer bringen und uns zeigen, wie dringend notwendig es ist, etwas zu tun, um die Umwelt zu schützen und zu bewahren.

An unsere ehrlichen Lebensmittelproduzenten: Bauern, Erzeuger, Tierzüchter und Lieferanten, welche die Natur mit allem, was darin lebt, und auch unser Gemeinwesen respektieren. Besonderen Dank an einige ganz spezielle Institutionen in Bristol: The Better Food Company, Hugo's Green Grocers, Reg the Veg, Smaller Footprints und alle Händler auf dem Whiteladies- und dem Tobacco-Factory-Markt.

An das Team von Pavilion, vor allem an meine Redakteurin Sophie Allen, die dieses Projekt von Anfang an unterstützt und so ein tolles Buch daraus gemacht hat. An Laura Russell für das grandiose Design und Layout, das du aus einem völlig unmöglichen Sammelsurium aus Text, Illustrationen, Fotos und Ideen gezaubert hast (was ich abgeliefert habe, war – wieder einmal! – ein Albtraum). An Emily Preece-Morrison, meine Lektorin: Du weißt, dass du so viel mehr als das warst – danke, dass du mir das nötige Selbstvertrauen für dieses Projekt gegeben hast. Und schließlich im Voraus danke an Komal Patel, durch den dieses Buch hoffentlich auf der ganzen Welt verbreitet wird – wir müssen wirklich etwas verändern!

Danke an meine Illustratorin Jem Venn – durch deine fantastischen Bilder und Info-Grafiken hast du dieses Buch zum Leben erweckt.

An unser geniales Team beim Shooting: Kirstie Young, Fotografin, Co-Stylistin und Kinderbändigerin in einer Person – du hast wunderbare Bilder gemacht, und wir hatten auch noch Spaß dabei. An den megatalentierten Kameraassistenten Jack Alford und meine zuverlässige Koch-Assistentin Tilly Mackley – ihr wart beide so begeistert, effizient und habt den Laden am Laufen gehalten. An die gesamte Familie Scofield-Yarme für all eure Hilfe, Gastfreundschaft und dafür, dass wir euer wunderschönes Zuhause und euren Garten als Setting nutzen durften.

An all die fantastischen und fotogenen Jungköche und köchinnen: Imogen Bassett, Sanyia und Nusaybah Choudry, Maya, Amélie und Isla Clibery, Iris Collins, Monty und Austin Davies, Alpha und Leon Djenguet, Birdie und Gryff Evans, Xander Evans, Charlotte und Emily Goldsworthy, George Lloyd, Matthew Rolt, Christian Sempijja, Joseph Smith, Nina White, Sylvie White, Joe Young.

An meine »Ersatz-Oma« Sasha für sorgfältiges Korrekturlesen und endlose Begeisterung.

Und an meine wunderbare Familie, die wie üblich sowohl die schönen als auch die schrecklichen Momente miterlebt hat, die zum Schreiben eines Buches gehören. Ohne euch könnte ich das alles nicht.

BITTE WIRF MICH NICHT IN DIE MÜLLTONNE! DER KOMPOSTHAUFEN IST OKAY, ABER BITTE NICHT IN DIE MÜLLTONNE!
HILFE!

IMPRESSUM

Produktmanagement: Stefanie Gückstock
Übersetzung aus dem Englischen: Katrin Marburger
Korrektorat: Constanze Lüdicke
Satz: Marcus Taeschner, a flock of sheep
Umschlaggestaltung: Anna Katavic
Herstellung: Julia Hegele

Printed in Poland by CGS Printing

Sind Sie mit diesem Titel zufrieden? Dann würden wir uns über Ihre Weiterempfehlung freuen.
Erzählen Sie es im Freundeskreis, berichten Sie Ihrem Buchhändler, oder bewerten Sie bei Onlinekauf. Und wenn Sie Kritik, Korrekturen, Aktualisierungen haben, freuen wir uns über Ihre Nachricht an

Christian Verlag, Postfach 40 02 09,
D-80702 München oder per E-Mail an
lektorat@verlagshaus.de

Die Deutsche Nationalbibliothek verzeichnet diese Publikation in der Deutschen Nationalbibliografie; detaillierte bibliografische Daten sind im Internet über http://dnb.d-nb.de abrufbar.

ISBN: 978-3-95961-819-9